暮らしを整える

日本のしきたり

監修 山口謠司
Yamaguchi Yoji

きずな出版

はじめに

みなさんは、「日記」を付けていらっしゃいますか？

今では、毎日、自分がどんな一日を過ごしたかということを書いていくものを「日記」と呼びます。季節の移り変わり、家族や友人との関係などを書いてみると、うれしかったこと、悲しかったことなど、客観的に自分を見つめ直すことができますね。

十年前に書いた日記を読み直してみると、世の中が大きく変わったこと、自分を取り巻く環境もすっかり変わってしまったことなどを思うかもしれません。


さて、平安時代の貴族が遺した「日記文学」というものがあります。平安時代の貴族も日記を付けていたのでした。

ただ、現代の我々が付ける「日記」とは、やや異なります。

彼らの「日記」は、毎年、季節ごとにある「年中行事」をどのように執り行ったかということを詳細に書き記したものでした。

それは、毎年繰り返し行われる年中行事を、儀礼として行うたびに、自分を麗しく、美しくするために用意されたものだと考えたからです。

「しきたり」という言葉は、漢字で「仕来り」と書きますが、まさに皇族や貴族が、これまでしてきた「古式」に則って行事を行っていくということを意味するのです。

季節の移り変わりを大切に感じながら、人生の節目を迎える時に、自分の姿を振り返り、新しい今日、新しい明日、新しい季節、新しい年を大事に迎えるための「伝統」を大事に守っていくことは、とても大切なことなのではないかと思います。

ところで、日本の年中行事は、中国の唐の時代に宮廷で行われていたものを踏襲しながら、我が国の文化として育まれてきたものです。

例えば、「節句」は、五つあります。

一月七日の「人日」、三月三日の「上巳」、五月五日の「端午」、七月七日の「七夕」、九月九日の「重陽」の五つです。

この「節句」は、中国で行われていた太陰暦による季節の節目を表す祭祀でした。

今も、「人日」は「七草」、「上巳」は「桃」、「端午」は「菖蒲」、「七夕」は「笹」、「重陽」は「菊」と、それぞれその季節を代表する植物に当てて、節句を祝うこともあります。ただ、もともと「節句」は、人々に季節の変わり目を知らせ、それを皆が祝う年中行事の中でもとても大事な儀式だったのです。

そして、雛祭りの時には白酒に菱餅、端午には柏餅やちまき、七夕には素麺、重陽には菊を浮かべたお酒や菊酒、月餅など、地方によって異なるものもありますが、これらをありがたくいただくことで、一緒にいられることの喜びと、それぞれの無事安寧を祈ったのでした。

現代の我々は、太陽暦のカレンダーで生活をしているので、陰暦に比べればややひと月早く季節を感じることになっています。

『論語』にこういう言葉があります。

子貢、告朔の餼羊《きよう》を去らんと欲す。子曰く、賜や、爾は其の羊を愛《おし》む。我は、其の礼を愛《おし》む。

（訳：子貢は、告朔の儀式が廃れてしまったので、もうこれ以上、犠牲の羊をお供えする必要はないのではないかと言った。すると、孔子は言うのだった。子貢よ、お前はお供えのための羊がもったいないというのだろう。でも、私は、一匹の羊をお供えすることも辞めてしまえば、いずれ告朔の儀式が永久に失われてしまうだろうということをもったいないと思うのだ）

現代は、さまざまな儀式が、次々に簡素化されている時代だと思います。コロナ禍で、人が集まることができなくなったからなど、時代の趨勢だと言ってしまえば、もちろんそうでしょう。

ただ、古くから行われて来たさまざまな儀式が簡単になり、そして少しずつその儀式の意味などが分からなくなり、儀式さえも行われなくなってしまったということは少なくありません。

たとえば、孔子が生きていた時代、今から二千五百年前に行われていた「告朔」という儀式もその一つでしょう。

「告朔」は、陰暦の朔日《ついたちのひ》、毎月行われていたお祭りです。カレンダーなどがなかった時代、みんなに、これから「ひと月」が始まりますよということを「告」げるための「朔（新月）」の儀式です。この日、人々は王の祖先が祀られている社でお祭りを行い、この時に、「餼羊」と呼ばれる犠牲《いけにえ》の羊を神前にお供えしていたのです。

しかし、ここにも記されるように、すでに「告朔」の祭礼は、形ばかりとなっていました。羊をお供えすることがもったいないと、弟子の中でも孔子に最も親しい子貢が言うのですから、祭に行く人も少なくなっていたに違いありません。

こうして、戦国時代になって世の中が戦争状態になると、「告朔」の祭祀は行われなくなってしまったのでした。

ところで、「愛」は、字源からいうと、「心の中の思いが溢れて、もうこれ以上先に進めない」ということを表します。

孔子がいう「愛」は、「告朔」という儀式がいずれ失われてしまうことに対して耐え難いほどの残念さをここで伝えようとしています。

それは、「節句」など、「節目」の日には「礼節」を改めるという考えがあったからに他なりません。

毎年、「正月」が来て「年」が改まると、同時に私たちは「心」も清めて新たな気持ちで一年を始めようと思います。それと同じように毎月、「朔日《ついたち》」になれば、心機一転。また、それぞれの節句にも同じように自分の気持ちを改める機会にするという考えがあったのです。

自分を磨き、若さや美しさを保つには、折に触れて身も心も改めるという機会を持つことが大切なことかと思います。

「しきたり」や「年中行事」は、形だけのものではないのです。

本書が、皆さまの日々の気持ちを麗しく満ち足りたものにしてくれることを願いつつ。

山口謠司　拝

CONTENTS

第3章 慶事の贈り物

第4章 弔辞の作法

第1部

季節と年中行事

第1章

春

初夢

「初夢に縁起のいい夢を見ると、一年が幸福になる」といわれ、新年の運勢を夢で占う風習があります。

　この初夢信仰は中国から伝わったとされ、縁起のいい宝船の絵を枕の下に入れて寝ると、いい夢を見るといわれ、宝船の絵を売り歩く人もいました。江戸時代には、初夢といえば「一富士、二鷹、三茄子」の順で縁起がいいといわれました。しかも、これで終わりでなく、さらに「四扇、五煙草、六座頭」と続きます。また、新年最初に見る夢というならば、一月一日の夜に見た夢が最初の夢にあたります。大晦日の夜に零時を過ぎてから寝た場合、それが新年最初の夢といえるかもしれません。

　しかし、一般的に、**二日の夜に見る夢が「初夢」**とされています。それには理由があります。昔は、事始めや書初めなど、新年初の行事は一日ではなく二日にするものでした。そこで、「初夢」も二日の夜に見たものを指すようになったそうです。

　かつては、地方によって、大晦日から元日にかけて見る夢が初夢、元日の夜の夢が初夢、立春の朝に見るのが初夢など、諸説ありました。それが正月二日に固定されたのは、江戸時代以降、この日が仕事始めになったからという、とてもシンプルな理由でした。

意外と歴史は浅く、徳川家康が見た吉夢として広まったものです。しかし、「吉夢を見たい」という希望はそれ以前からあり、枕の下に宝船の絵を置いて寝るという風習は、室町時代から続いているものです。

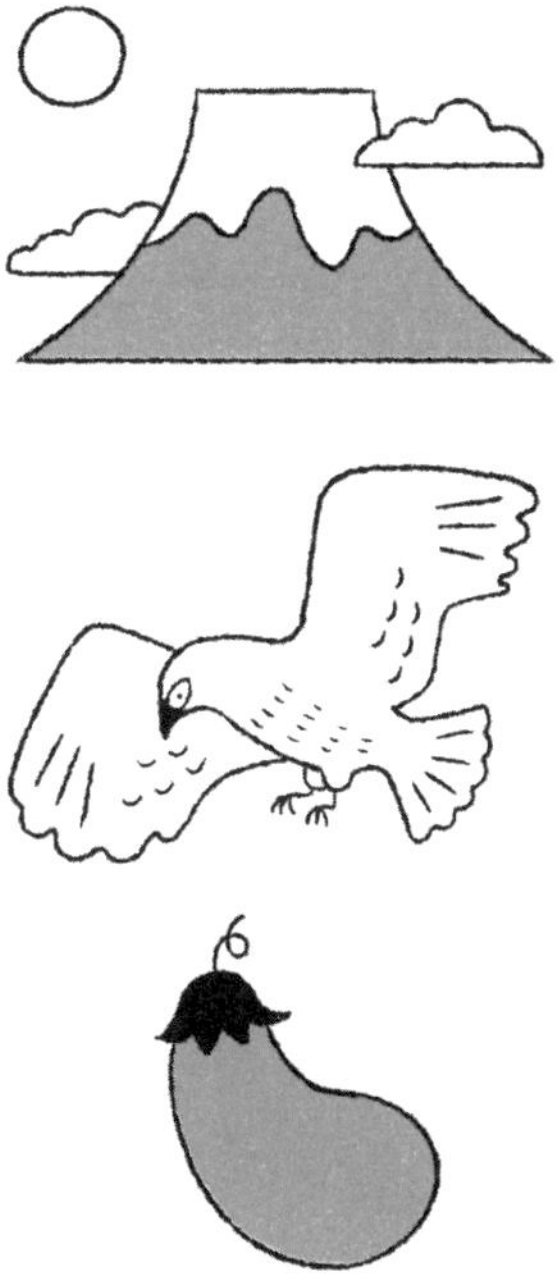

初詣

新年はすがすがしいものです。各地の神社仏閣は、「今年はよき年であってほしい」とお参りする、大勢の人々でにぎわいます。年が改まって初めてのお参りを「初詣」といいますが、現在では元日の祝い膳をすませてから、初詣に出かけることが多いようです。

もともと初詣は、住んでいる地域の氏神様にお参りをするものとされていますが、最近では、人気の寺社へ出かける人も多いようです。明治神宮（東京都）、成田山新勝寺（千葉県）、川崎大師（神奈川県）、住吉大社（大阪府）、太宰府天満宮（福岡県）など、各地の有名社寺は初詣の参拝者で大変なにぎわいを見せます。

さて、**神社でのお参りは、「二礼二拍手一礼」が基本**とされています。

お参り前には、手水舎で手と口を清めます。拝殿の前に進んだら二回礼をし、続いて二回拍手を打ち、手を合わせてお祈りします。こうして、お祈りが終わったら最後に一礼するのです。

恵方参《えほう》り

昔から、初詣には、「恵方参り」と言い、その年の最もめでたい方向にある社寺に参拝する習慣がありました。**恵方というのは正月の神様がいらっしゃる方角のことで、毎年異なります。**

具体的には、甲、己の年が東北東。丙、辛、戊、癸の年が南南東。庚、乙の年が西南西。壬、丁の年が北北西となっています。たまには古来のしきたりに添って、その方角にある社寺にお参りしてみてはどうでしょうか。

さて、初詣はいつまでに行けばいいのでしょうか。本来、元日の早朝に参詣するのがしきたりでしたが、現在では、松の内（一月七日まで）にすませればよいとされています。また、関西では一月十日～十五日までとするところもあり、地元に合わせるとよいでしょう。

若水

元日の朝、最初に汲む水が若水。地方によって「黄金水」「宝水」など呼び方はさまざまですが、この水に**神秘的な力があり、一年の邪気を除いてくれる**という点は共通しています。ただ、時代とともに失われつつあるようです。

この行事は、平安時代の宮中で始まったもの。当時の若水は立春の日に、恵方の井戸から汲んだ水を天皇に供えていました。それがやがて一般に広まり、手や口を洗って身を清めたり、朝の煮炊きに用いるようになりました。**「若水を汲むのは年男の役目」**と考えられているところもありますが、なかには女性が汲むのがしきたりになっている地方も見られます。また、井戸に餅や米を供えるなど、地方色が豊かです。ユニークな習慣が見られるのが沖縄で、若水には若返りの効果があるとされ、女性が中指で額に若水を三度つけるという「お水撫で」が今でも見られます。

お屠蘇《とそ》

元旦に家族が顔を合わせて、新年の挨拶をした後にお屠蘇を飲む……これは古くから伝わる慣わしです。一年の邪気を払って無病息災の願いを込めた習慣とされています。

お屠蘇は本来、朱塗りの三つ重ねの杯でいただきます。神前結婚式の三々九度に似ているため、清酒と同じものと思われがちですが、山椒や桔梗、肉桂、陳皮など、**十種類ほどの薬草が調合された漢方薬「屠蘇散」を酒に漬け込んで作った薬草酒**です。邪気を払う力があると信じられ、元旦に家族揃ってお屠蘇を回し飲みして、不老長寿を願ったのです。

中国伝来のもので、唐時代の医者が数種の薬草を調合し、酒やみりんに漬《ひた》して風邪予防の飲み物としたのが始まり。日本では平安時代に、宮中の元日の儀式として始まったとされています。

飲む際は、年少者から順番に飲んでいきます。最近ではお屠蘇を飲む家庭は少なくなっているようですが、年末には薬局などで「屠蘇散」が販売されます。これを清酒やみりんに漬して作ります。

おせち料理

お正月の楽しみは、華やかなおせち料理です。黒豆、栗きんとん、伊達巻、数の子、紅白なますなど、煮物、焼き物、練り物、酢の物などを一の重から三の重、多いところでは五の重に詰めたものです。

最近は、九月に入った頃から、デパートやスーパーなどでおせちを予約する人も多いようですが、昔は数日かけて手作りしながら、母から娘へ、姑から嫁へ、家の味を伝えていったのです。

「おせち」は、漢字では「御節」と書きます。季節の変わり目である「節句（節供）」に食べる料理を「御節料理」と呼びます。つまり「御節料理」はお正月に限らず、季節の変わり目の節句に食べる料理のことでした。しかし、お正月料理がもっとも豪華だったので、お正月料理だけが特に取り上げられるようになったのでした。

節句には、元日のほかに、三月三日の「上巳」、五月五日の「端午」、七月七日の「七夕」、九月九日の「重陽」があり、五節句といわれますが、今では、お節料理といえば正月のごちそうを指します。

「黒豆」や「伊達巻」「栗きんとん」「ごまめ」などに使われる食材には、それぞれに意味が込められています。たとえば黒豆は、まめに働くことができる健康への願いが込められ、黒い色は魔除けの力と考えられていたようです。また、数の子は、卵の数が多いことから子孫繁栄を願い、ごまめ（田作り）は五穀豊穣を願ったものでした。

おせち料理は重箱に詰めて重ねますが、これにもめでたさを重ねるという意味が込められているのです。

鏡餅

餅はもともとは「もちひ」といって、宮中では、おめでたい行事が行われる日には欠かせない食べ物でした。お祝いの日には、神様にささげる供物として餅が使われたのです。

元来は中国の元日に硬い飴を食べた習慣に由来しているといわれています。やがて日本に伝わり、**宮中で「歯固め」の儀式として**餅を食べるようになりました。「歯固め」は文字通り、歯にこたえるような硬いものを食べることで、年齢をひとつ重ねたことを実感して祝ったものだそうです。

門松は飾らないというお宅も、鏡餅は供えるのではないでしょうか。どこの家にもあたりまえのように飾られていますが、よく考えると、あの丸い姿がなぜ「鏡」になぞらえられるようになったのか不思議です。

社会の教科書で、「銅鏡」というのを見たことがありませんか。丸い青銅製で片面が磨かれた鏡です。そして銅鏡は、現在の鏡のように姿を映すのではなく、神事に使われたものでした。そして、神様にお供えするために、丸い形を真似て作られたのが鏡餅です。

それまでの天皇が受け継いできた三つの宝物が「三種の神器」です。そのなかに「八咫鏡」という鏡があります。鏡餅は、この八咫鏡をかたどったものともされています。

しかし、鏡を真似て作られたとすると、一つでいいでしょう。では、なぜ大小の餅が二つ重なっているかというと、**太陽と月をあらわしている**ためと考えられています。古代の人々は太陽と月に大いなる神秘を感じ、それらを模した餅を神に捧げようとしたのです。

さて、鏡餅を飾るのに最適の日といえば、末広がりの十二月二八日とされています。門松を同じで、二九日と三一日は避けられます。二九日に餅つきをすると「苦餅（苦持ち）になる」といって、縁起が悪いとされます。また、鏡開きの日は一月十一日が一般的です。

鏡餅の飾り方も地方によってさまざまですが、子孫繁栄を願う「ダイダイ」、長寿を願う「イエセビ」や「ウラジロ」、喜びをあらわす「昆布」などを添え、稲穂がたれ下がるような豊作をイメージした「四手《しで》」を垂らすのが一般的のようです。

めでたい「雑煮」

全国各地でいろいろな種類がある雑煮。まさに味も食材もさまざまですが、それでもすべて「雑煮」と呼ばれています。お正月のめでたい料理なのに、どうして雑煮という名前がついているのでしょうか。

雑煮はもともと正月料理ではなく、**室町時代頃の儀礼的な席で出されたもの**でした。野菜などの農作物を一緒に煮込んで、福を願って食べていたのですが、それが正月料理として定着したと考えられます。

すまし仕立てのものもあれば、白味噌仕立てのものも、甘い小豆汁のお雑煮もあります。野菜以外に、鶏肉、ブリやサケなどの魚介を入れるところもあります。味付けは、一般に関東地方ではしょうゆ、関西地方は白味噌仕立てが主流となっているようです。

共通しているのは、**どの雑煮でも餅を入れる**点です。といっても、餅の形にも丸餅と角餅があり、焼いた餅を入れる、焼かずに餅を煮る、さらに、あんこの入った餅を入れるなど、バリエーションはさまざまです。

お年玉とお年賀の違い

お正月は心が新たになるもの。そして、楽しみもいろいろありますが、子どもたちにとっては、何といっても一番はお年玉でしょう。

お正月の贈り物としては、他に「お年賀」がありますが、「お年玉」と「お年賀」とは大きな違いがあるのです。

お年玉は、金銭を贈る習慣と考えられていますが、本来は、歳神様のお供え物を分けていただいた風習といわれています。神様にお供えした鏡餅を分けていただき、ご利益も分けていただくと考えられていたのです。

江戸時代、商家などで奉公人への「お年玉」として、餅ではなく金銭を渡すようになったといわれています。また、餅のほかに、昆布や米などを分けることもあったようです。

「お年玉」は、基本的に年長者が年少者に贈ります。一方、**年長者に贈るのが「お年賀」**です。両親やお年寄りなど年長の人にお年玉を渡す場合は、「御年賀」と表書きしましょう。

七草粥と「唐土の鳥」

正月七日は七草粥。おせち料理などのごちそうや飲みすぎで疲れた胃腸を休ませる食べものと思っていませんか。たしかに、健康面からはそれでも間違いではありません。しかし、七草粥にはそれ以上の意味があるのです。

その一つが**「七草粥は中国の道教に由来する懺悔の名残り」**ということ。いまでこそ正月七日に食べるのが一般的ですが、室町時代までは、上元の日の正月十五日に、神仏に七草粥を奉納していました。なぜかといえば、日頃に犯した罪の許しを乞うためでした。

また、時代をさかのぼると、七草粥は天変地異や病気などの災厄から逃れようとした「おまじない」という説も。大雨も台風も地震も、神の怒りと、ただ畏れるしかなかった時代には、新しい年の初めに神仏に七草粥を奉納して、一年の無病息災を願ったのです。

地域によっては、七草粥をつくりながら「七草なずな、唐土の鳥が、日本の国に、渡らぬ先に、七草たたく、すとんとん、すとんとん」と唱える歌が伝わっています。

「唐土」は現在の中国のことですが、当時の人々からすれば、「唐土の鳥」は、大陸も含

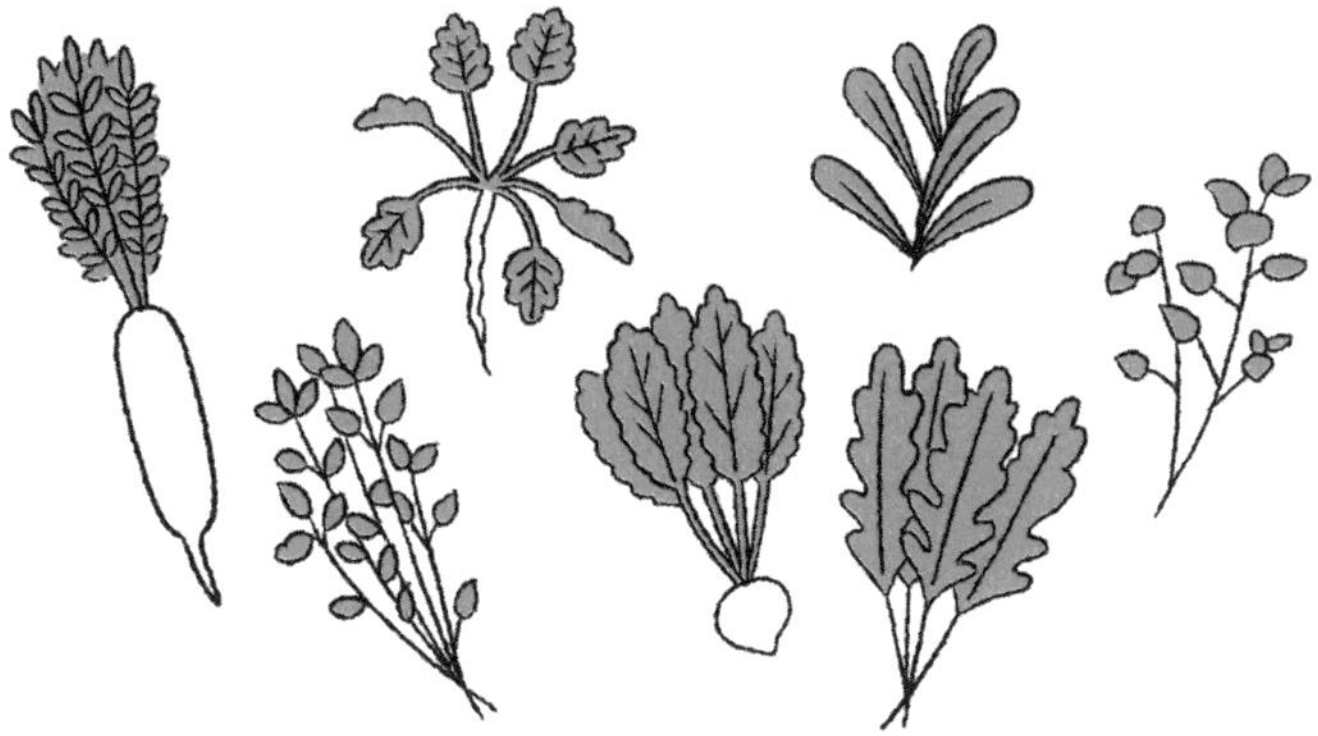

めて見知らぬところからやってくる不吉なもの、空から降ってくる災厄をあらわしたのでしょう。この歌は、鳥が渡って来ないようにする一種の呪文だったようです。

　さて、七草粥に入れる七草は、地域によって多少異なりますが、一般には**「せり、なずな、ごぎょう、はこべら、仏の座、すずな、すずしろ」の七種**です。「なずな」は「ぺんぺん草」、「ごぎょう」は「母子草」、「すずな」は「かぶ」、「すずしろ」は「大根」の別称です。

鏡開き

一月十一日には、鏡開きをします。神前にお供えしていた鏡餅を下げて、お雑煮やお汁粉などをつくり、みんなで分け合って食べるのが一般的です。

鏡餅を切り分けるときは、神様が刃物を嫌うため、包丁などの金物は使ってはいけないとされています。また「刃物で切る」ことが「切腹」を連想させるために縁起が悪いと考えられたという説もあります。

鏡餅は、木槌などを使って叩き割ります。これを鏡開きといいます。割ったり切ったりして鏡餅を分けるのですが、「割る」「切る」は縁起が悪いため「開く」という表現を使っているわけです。

小正月

元日から七日までを「大正月」というのに対して、「小正月」は、こぢんまりと祝ったとされています。**「小正月」とは、旧暦の正月十五日を指します。**旧暦の一月十五日は満月。昔は一年で最初の満月の日を「正月」と考えていたのです。

正月の支度であれこれ忙しかった女性も、小正月を迎える頃には一段落するので、**別名を「女正月」といい、一月十五日には、小豆粥を食べます。**

その他にも、「どんど焼き」「なまはげ」「かまくら」など、この日の頃にはさまざまな行事が行われるようです。

どんど焼きは、別名「左義長」ともいわれ、正月に使われた門松やしめ飾り、しめ縄、書初めなどを、神社や寺院に持ち寄ったり、村はずれの辻や川原、広場などで燃やします。火が燃える様子を「どんど、どんど」と囃《はや》し立《た》てます。この煙に乗って歳神様が天上界に帰っていくと考えられています。

燃やした火で餅や芋などを焼いて食べると無病息災で過ごせると信じられていました。

節分の豆まきは立春の前日

豆まきは「立春の前日」、だいたい二月三日か四日頃になります。神社や寺院では年男や年女たちが豆をまきます。

節分は、もともと季節と季節の変わり目のことで、立春、立夏、立秋、立冬という、それぞれの季節変わりの前日を指します。**とりわけ立春の前日の節分は、新春を迎える前の最初の節分として重要視**され、前年の厄を払うためのさまざまな行事が行われました。こうしたことから、立春の前日だけを指して「節分」というようになったようです。

この日には、ひいらぎの枝にいわしの頭を刺して、家の門に供えます。これは鬼が嫌うもので、魔除けの意味があります。そして、煎った大豆をまき、家の中から鬼や災いを払います。まいた豆が芽吹くのは縁起が悪いと考えられていたようで、煎った豆を使うようになったともいわれています。

さらに年齢の数だけ豆を食べて、邪気を払い、健康を祈りました。地方によっては、年齢よりも一つ多く豆を食べるところもあります。

恵方巻き

節分といえば、すっかり定着したのが恵方巻きです。恵方巻きの認知度を全国で調査したところ、二〇〇二年には五三％でほぼ半数でしたが、その三年後の二〇〇五年にはなんと八八％にも達したそうです。

恵方巻きの**発祥の地は、現在の大阪市の船《せん》場《ば》**とされています。誰が最初に言ったのかはわかりませんが、江戸末期から明治初期にかけて「節分の日に恵方を向いて太巻き寿司を丸かじりすると、一年を無病息災で過ごせて、商売も繁盛する」といわれて始まったといいます。

恵方巻きの起源は「おせち」にあるというのが定説のようです。かつては、おせちは年に五回食べるのがしきたりでした。その風習は正月だけになっていきましたが、旧暦の大晦日が節分にあたっていたため、恵方巻きに変わって残されたのでした。

海老フライ巻き、海鮮巻きなどの豪華な具が入った恵方巻きもありますが、もとは、卵、かんぴょう、高野豆腐、キュウリ、でんぶ、シイタケ、カマボコなど七種類の具です。七種類にするのは、縁起のよい七福神にちなんでいるため。

そして、食べ方の注意点は次の三つです。

①包丁で切らない……包丁を入れると「縁を切る」につながり、縁起が悪いとされています。つまり、必ず一人一本ずつ用意すること。

②恵方を向いて食べる……毎年異なりますので、事前に調べてからにしましょう。

③食べ終わるまでしゃべらない……口をきくと幸運が逃げてしまうので、黙々と食べること。

「立春大吉」の貼り紙で福を呼ぶ

立春は二十四節気の一つで、とても寒い時期ではありますが、空の明るさや木の芽のふくらみに春を感じる頃でもあります。

しばらく前までは立春の朝、門に「立春大吉」と書いた紙が貼られている家がありました。禅寺の門柱にはいまでもよく見られますが、何なのでしょうか。

冬から春に変わる日である立春を、昔は正月節と呼び、新年を迎える日でもありました。そして「立春大吉」はその新年を祝う言葉、つまり**「謹賀新年」という意味**で用いられているのです。

また「立春大吉」を縦書きにすると左右対称になるため、福を呼び厄を祓うめでたい文字と考えられ、一年間、無病息災が叶うとも考えられています。

ところで、「立春大吉」を貼るのは外から見て右側の門柱と決まっています。左側の門柱に「鎮防火燭（火事が起きないように、というおまじない）」という紙を貼ることもあります。

菅原道真の命日の梅花祭

天満宮は菅原道真公を祀っています。そして道真公の命日二月二五日に日本各地の天満宮で行われているのが梅花祭です。

道真公は都を離れる際に、「東風《こち》吹かば　匂いおこせよ　梅の花　主なしとて　春な忘れそ」という歌を残しましたが、それほど梅好きでした。そこで、**京都の北野天満宮では「梅花御供《ばいかのごく》」を神前に奉納する祭典**があります。

ちなみに北野天満宮は、豊臣秀吉が北野大茶湯を催したことで有名で、「梅花祭野点大茶湯」も催され、京都の芸妓や舞妓衆のお点前がいただけます。

雛人形の三人官女、五人囃子が奇数なのは

「桃の節句」は、女の子の健康と幸せを祈るお祝いです。現在、三月三日は祝日ではありませんが、江戸時代には祝日とされた五節句の「上巳の節句」です。

さまざまな説がある雛祭りのルーツのなかでも、**平安時代の「人形《ひとがた》流し」**が有力とされています。

まず、紙や、わらで、人の姿に似せた人形をつくります。そして、触わったり息を吹きかけたりして、心身のけがれを人形に移し、人形を川や海に流すことで清められるという、いわば「儀式」です。人形流しによって病気や災いから身を守ろうとしたのです。

その後、時代がくだるにつれ、女の子たちが楽しむ人形遊びやままごと遊びなどと「人形流し」が合体して、雛人形を飾る雛祭りへと変化したのでした。

さて、雛人形の主役は、お内裏様とお雛様。雛壇という言葉があるとおり、雛人形には、三人官女や五人囃子、七人雅楽といった脇役もいます。

一般的に、雛壇でお内裏様とお雛様の次の段に並ぶのが**「三人官女」**。宮廷で君主やお

后様近くに仕えていた女性で、現代でいえばトップクラスの高級官僚といえるでしょう。三段目には**五人囃子《ばやし》**が勢ぞろいします。左から、太鼓、大皮鼓《おおかわつづみ》、小鼓、笛と並び、扇を持つ謡い手が右端になります。雛人形には、さらに「七人雅楽」と呼ばれる一団が加わることもあります。

さて、ここまで登場する数字は「三、五、七」と、すべて奇数です。もちろん偶然ではなく、中国から伝わった陰陽道の考え方によるもの。**陰陽道では奇数を「陽」の数と考え、縁起のよいもの**としていました。一方の偶数は「陰」の数です。

このように、三人官女、五人囃子、七人雅楽の数字は、縁起がいいとされる「陽」の数をピックアップしていたのです。

ところで、よく、「雛祭りが過ぎて、いつまでも雛人形を飾っていると、結婚が遅くなる」などといわれますが、「片付けないと、その家の娘が嫁がない＝片付かない」という言葉の遊びです。また、「大事な飾りを片付けたりできないようでは、いいお嫁さんになれない」という、しつけに由来するという話もあります。

男雛、女雛は左右どちらに飾るのか

雛人形を出して飾ろうとするときに迷うのが、男雛と女雛の位置です。迷う理由は、二つの説があるため。なぜ左右きっちり決まっていないのでしょうか。

雛人形の並べ方は、宮中での順位どおりにするのがきまりです。右大臣より左大臣の方が格上とされるように、宮中では右より左（本人から見て。私たちから見ると逆になる）の方が格上でした。男雛、女雛は天皇と皇后を表すので、当然、男雛が左側（私たちから見て右）となります。実際、明治時代まで男雛は左側に飾られていました。

しかし、大正天皇が即位の際に右側に立ったために、雛人形の位置が混乱するようになりました。大正天皇が右側に立ったのは、「間違ったから」という人もいますが、周囲にお付きの人がたくさんいる状況ですから、間違ったとは思えません。実際は、当時の西洋化の影響を受け、西洋式に右に立ったのだと考えられています。

そして、天皇が右、皇后は左という立ち位置になり、それが雛人形にも影響を与え、男雛が右（私たちから見て左）、女雛が左に置かれるのが一般的になりました。ですが伝統を大

切にする京都や奈良では、いまも男雛を左に置くようです。

ちなみに、一般社団法人日本人形協会は、**男雛を左に置く飾り方を「古式」、右に置く飾り方を「現代式」と呼び、「どちらも正しい」としています。**理由さえ知っていれば、左右どちらに置いても誤りとはいえないようです。毎年左右が異なるのも落ち着きませんから、「我が家の並び方」の写真を撮って、雛人形と一緒にしまっておくといいでしょう。

菱餅の紅、白、緑には意味がある

雛祭りには白酒を飲んで祝いますが、ほかにも、雛あられ、桜餅などがつきものです。また、この日はちらし寿司とハマグリのお吸い物で祝います。ハマグリの貝殻は一対になっていて、二枚の貝殻がぴたりと合い、他の貝とは絶対に合わないので「夫婦和合」の象徴とされます。

そこで、女性の幸せに通じる縁起物として、婚礼や雛祭りに欠かせない品となったのです。女性が貞節を守って幸せな家庭生活を営んでいけるよう、幸せな結婚を願う気持ちが込められています。

雛祭りに欠かせないお菓子の菱餅は、紅、白、緑の三色餅を菱形に切ったものです。なぜこの三色なのでしょうか。

まず紅色ですが、血の色を表しています。健康を喜び、先祖を尊びます。また、桃のピンクを表しているともいわれ、邪気を払う力があるそうです。現在は食紅で着色される場合が多いのですが、クチナシで染めるのが正式です。クチナシには解毒作用があり、身体に溜まった邪気を体外に排出するために用いられました。

白色は、純潔や清浄の象徴という説と、紅色と合わせて、おめでたい紅白になるからという説があります。正式な菱餅は菱の実の粉から作られるため、この白色はうるち米の色ではなく、菱の実の色です。ちなみに、菱の実には解熱作用があるそうです。

そして緑色は、健康や長寿、みなぎる生気などを表現していると伝えられます。本来は母子草（ごきょう。春の七草）が練り込まれましたが、「母子を突く」という言い方が嫌われ、厄を祓う力と造血作用があるヨモギが使われるようになりました。

ところで、雛祭りに菱餅が供えられるようになったのは、江戸時代の話で、それ以前は草餅が供えられていたのです。

草餅が菱餅に代わったのは、インドに伝わる「菱の実は人の肉と同じ味がするため、女の子の代わりに菱の実を生け贄に捧げた」という物語や、「菱の実を食べて一〇〇〇年生きた仙人がいる」という中国に伝わる伝説に影響を受けたからのようです。

ちなみに、地方によっては紅、白、緑だけでなく、さらの黄や青、紫などを加え、五色、七色の菱餅を供える風習が残されています。

「彼岸の入り」から「彼岸の明け」

春と秋のお彼岸には、先祖の供養にお墓参りをします。彼岸は一日だけではなく、約一週間続き、最初の日が「彼岸の入り」、最後の日が「彼岸の明け」です。つまり、春分の日（秋分の日）を中日《ちゅうにち》として、前後三日間の一週間になるわけです。

よく、「暑さ寒さも彼岸まで」などと言いますが、**彼岸は、寒さや暑さが一段落する頃**です。

春分の日や秋分の日は、昼と夜の長さがほぼ同じで、この日は太陽が真東から昇り、真西に沈みます。仏教では、極楽浄土が西の方向にあるとされ、真西に太陽が沈む日にお墓参りをすると、先祖のいる極楽浄土へ思いが通じやすいと考えられました。そこで、彼岸に先祖の墓参りをし、読経などの法要を営むようになりました。

ちなみに「彼岸」とは、向こう岸という意味で、悟りの境地に達した地を表します。これに対して、煩悩が多く、迷いや悩みに苦しむ現世を「此岸」と呼びます。

お彼岸とぼた餅の関係とは

彼岸といえば、「おはぎ」を食べるのを楽しみにしている人もいるでしょう。春の彼岸には牡丹の花にちなんで「ぼたもち」といい、秋の彼岸には萩の花にちなんで「おはぎ」と呼び分けたりしています。

しかし、なぜお彼岸にぼた餅なのでしょうか。

お彼岸にぼた餅を食べる風習が広まったのは江戸時代とされていますが、起源ははっきりしていません。最も有力とされているのは、**小豆の赤色に災難から身を守る効力**があるとされていたからという説です。

また、日蓮上人が他の宗派を批判して、鎌倉の街中を引き回された「竜ノ口法難」のとき、近くの寺の尼僧が米を握ってゴマをまぶしたものを差し上げたからという説もあります。これを「首つなぎのぼた餅」と呼び、現在も九月十二日に催される竜ノ口法難会で供えられています。しかし、この事件が起きたのは鎌倉時代なので、「ぼた餅を食べる風習が広まった時期と離れている」ともいわれています。

ぼた餅とおはぎはどう違う

春のお彼岸に食べるのは「ぼた餅」、秋のお彼岸に食べるのは「おはぎ」。でも、並べてみると、同じように見えます。どこが違うのでしょう。

名前の由来から考えていきましょう。**ぼた餅は、もとは「牡丹餅」**とされていました。つぶされた小豆が、春のお彼岸の時期に見られる牡丹の花のように見えるところから出ています。

一方、**おはぎは「萩の餅」**と呼ばれていました。やはり、つぶされた小豆が、秋に見られる萩の花に似ているところからきています。

この話からすれば、ぼた餅もおはぎも粒あんで、まったく同じものということです。しかし、この説に異を唱える人は多く、「ぼた餅はこしあんで作り、おはぎは粒あんで作るのが正式」という説、「ぼた餅は餅米とうるち米を使い、それを小豆あんでくるんだもの。おはぎは餅米だけを使い、それにきな粉をまぶしたもの」という説など、さまざまあるようです。

第2章

夏

「花祭り」はお釈迦様の誕生祝い

四月八日は「花祭り」。これは、お釈迦様の誕生日です。お釈迦様は仏教の開祖なので、この日は**宗派の違いを超え、あちこちの国の仏教寺院で祝いの法要**が行われます。

一般的には、寺の境内に花で飾った「花御堂」という小さなお堂を設けます。そのなかに甘茶を入れた水盤を置き、中央に右手を上げたお釈迦様の立像を安置するのです。参拝者たちは、ひしゃくで立像に甘茶を三度注いで拝み、甘茶を飲んで無病息災を願います。

花祭りは「灌仏会《かんぶつえ》」「仏生会《ぶっしょうえ》」などと呼ばれていましたが、江戸時代に浄土宗が灌仏会を「花祭り」と呼んでから、この名が一般に広まりました。

なぜ甘茶を注ぐのか、というと、お釈迦様が誕生したとき、天から九頭の龍が現れて、頭上から清浄な水を注いで産湯をつかわせたといいます。九頭の龍は、喜びのあまり甘露の雨を降らせたのです。昔は、お釈迦様の立像に五種類の香水を注いでいましたが、江戸期から甘茶に変わりました。甘茶には霊力があると信じられていたようで、参拝者は甘茶を持ち帰って飲み、厄除けをしたそうです。

穀雨に種をまくと豊作に恵まれる

「穀雨《こくう》」は二十四節気のひとつです。「この時期には春雨が降り、作物を潤し、穀類の芽が伸びはじめる」という意味です。現在の暦としては四月二十日前後でしょうか。

田畑を耕す作業も終わり、作物の生育には欠かせない雨が降るというわけです。この時期に種まきをすると豊作に恵まれると言い伝えられています。

端午の節句は災厄除けの風習

五月五日は「端午の節句」。現在は「こどもの日」になっています。「端」には「初め」という意味があり、**「端午」は「月の初めの午の日」**という意味です。もともとは五月にかぎったものではないのですが、「午」は音読みで「ご」で「五」につながるので、五月初めの五日を指すようになったようです。

古代中国では、五月五日に国の安泰を祈願していましたが、それが病気や災厄を除く行事として、日本にも伝わってきました。日本でも、季節の変わり目のこの日に、宮中で穢れを清めて厄を払う風習がありました。薬草摘みをしたり、菖蒲やヨモギを軒に挿したりしていたのです。これが中国の風習と重なって、行事として根づいたと考えられています。

時が移り武家時代になると、男子の成長や立身出世を祈る祭りになりました。こうして、こどもの日には武者人形を飾り、庭先には鯉のぼりを掲げて祝うようになりました。

鯉のぼりには順番がある

都会ではマンション住まいが多くなり、鯉のぼりをあげることができない家も増えているようですが、郊外や地方ではまだまだ真っ青な空を泳ぐ大きな鯉のぼりが見られます。

ところが、アドバイスをしてくれる人がいないのか、間違った形で泳いでいる鯉のぼりを見ることがあります。

正しい形は、**まず、鯉のぼりの最上部、ポールの先に「矢車」を**つけます。以前は駕籠玉《かごだま》と呼ばれるものをつけていましたが、矢羽根を放射状に並べた輪を二つ飾り、その中心に駕籠玉の名残りの回転球をつけるのが一般的になりました。

そしてこの下に、吹き流し、真鯉（黒色）、緋鯉（赤色）の順に取り付けます。ちなみに、男の子が生まれると鯉の数を増やす地方もあります。

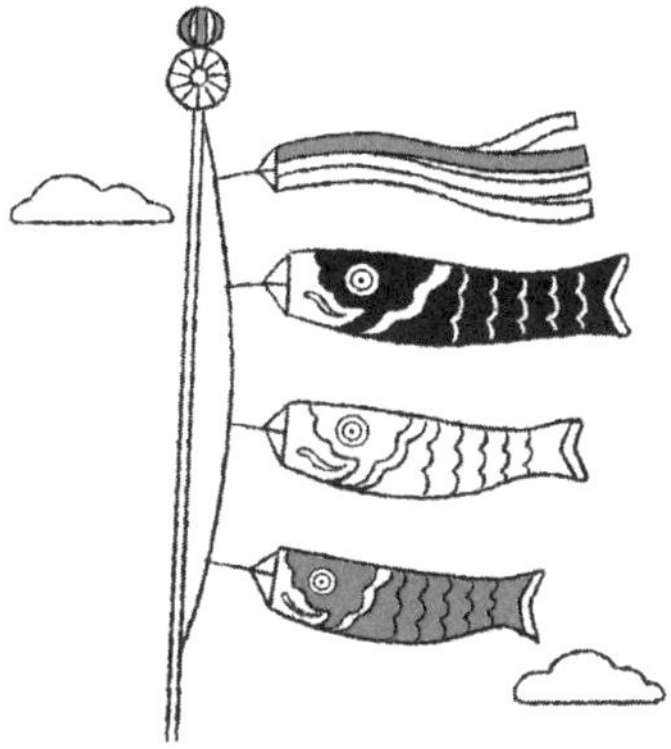

なぜ吹き流しは地味なのか

実は、鯉のぼりの中でいちばん大切なのは、吹き流しです。江戸時代の武家では、端午の節句を迎えると、家紋を染め抜いた指物（戦場の旗）や招代《おぎしろ》（神様を呼び寄せる目印の布）を玄関前に立てて、わが子の出世成長を祈るのが慣わしでした。

それを見た町人たちは、粋《いき》に感じて真似しようとしたのですが、厳しい階級制度があった当時、武家の真似など許されるわけがありませんでした。そこで、自分たちならではの飾りとして考え出されたのが鯉のぼりだったといいます。「中国・黄河の竜門という滝を登りきった鯉は、龍になって天に駆け上る」という故事から、**鯉は立身出世の象徴的な魚**なのです。

といっても、鯉だけでは物足りず、指物か招代がほしくなります。でも、真似するわけにいかず、取り付けるようになったのが吹き流しだったとか。

鯉のぼりの目的は、吹き流しにあったわけでした。地味ですが、いちばん大事にしなければならないというわけです。

端午の節句に菖蒲が欠かせないのはなぜか

五月になると、花屋さんやスーパーの店頭に菖蒲が並びます。

菖蒲は水辺に生える多年草で、独特な強い香りと美しい花をつけます。端午の節句と関係が深く、『続日本書紀』には、聖武天皇が、天平一九年（七四七年）五月の節句には菖蒲とヨモギを飾り、カツラに菖蒲を付けていない者は宮中に入れないように命じたと記されているのです。

また、十七世紀に書かれた『日本歳時記』にも「端午の日には菖蒲を細切りにして酒の中に入れた菖蒲酒を飲む」という記述があります。このように、菖蒲と端午の節句は切っても切れない関係なので、端午の節句を「菖蒲の節句」とも呼ぶほどです。

これほどまでに菖蒲が尊ばれたのは、理由があります。尚武（武道を重んじる）と同時に、**菖蒲の香りには不浄と邪気を祓う力があり、薬草としても用いられた**ためでした。

庶民が端午の節句に菖蒲湯を楽しむようになったのは意外に遅く、江戸時代に入ってからでした。

「ちまき」は詩人への供え物

江戸時代、餅を笹の葉でくるんだ「ちまき」は、子どもばかりでなく、大人にとっても楽しみな味でした。

ちまきの源は、二千三百年前の中国・春秋戦国時代にさかのぼるようです。詩人としてや、政治家としても活躍した屈原《くつげん》という人物がいました。

あるとき、彼は、自分の王が敵の謀略に踊らされていると知りました。謀略に乗れば国が危機に陥るので、王を諫めたのですが、王は聞き入れません。**行く末を悲観した屈原が川に身を投げたのが五月五日**でした。一説には、屈原を慕った人々が餅をまき、魚が屈原の体を食べないようにしたという話もあります。

さて、時代がくだり、「漢」の頃、「屈原の幽霊があらわれる」という噂が広まりました。**人々は供養のために川に餅を投げ入れた**のですが、今度は「伝説の生き物である蛟龍《きょうりゅう》に餅を食べられてしまい、屈原に届かない」という話が広まりました。そこで、知恵者が考えたのが、葦の葉（「笹の葉」説も）に餅をくるむというもの。魔除けに五色の糸を巻きつけ、蛟龍に食べられないようにして川に投げ入れたのでした。

ちまきが日本に伝わったのは十世紀の前半のようです。祝いの食べ物ではなく、もち米を植物の葉で包み、灰汁で煮込んで作った保存食だったとか。

ところが、日本人は改良を試み、餅を三角形にして、**イネ科の雑草のチガヤ**で巻きました。これが「ちまき」という名の由来にもなっています。

西日本では主にちまきとして広まりましたが、東日本では、柏の葉で巻いた柏餅として広まりました。「柏の葉は、枯れても落ちずに新しい芽を出すから、子孫繁栄の象徴とされた」ともいわれます。

夏《な》越《ごし》の祓《はらえ》の茅《ち》の輪《わ》くぐり

六月の晦日は、その年前半の最終日で、十二月の大晦日は一年の最終日となります。この二回の晦日には、それまでの半年間の罪や身の穢れを祓うために「大祓《おおはらえ》」が行われていました。**六月晦日に行われる大祓を「夏越の祓」**、そして十二月大晦日の大祓は「年越の祓」と呼ばれていました。現在は「夏越の祓」の方が盛んに行われているようです。

夏越の祓で行われる主な行事は、次の二つがあります。

①茅の輪くぐり……鳥居の下に飾り付けられた大きな茅の輪（チガヤという稲科の植物を束ねた輪）を通り抜けます。半年の間にたまった罪や穢れが祓われるとされています。茅輪をくぐる順番や回数などは地方によって異なるので、地元の方に聞いた方がいいでしょう。

また、茅の輪から抜き取ったチガヤで小さな輪を作って持ち帰ると、これから訪れる厳しい夏を無事に過ごせるといわれます。

②人形《ひとがた》で穢れを祓う……人形とは人型に切り抜いた和紙。これに自分の名前と生年月日を書き、

身体をなでた後に息を吹きかけると、罪や穢れがその人形に移るとされています。この人形を夏越の祓が行われている神社に納め、浄めていただきます。

そして、**「夏越の祓」に〝水無月〟を食べると、邪気を祓い、夏バテもしない**と伝えられています。〝水無月〟というのは、旧暦の六月の異称ではなく、伝統的な和菓子を指します。

その始まりは平安時代にあります。宮中の行事として、旧暦六月一日に「氷の節句」というのが行われていました。氷室から氷を切り出し、暑気払いに食べたのです。当時、氷がたいへんな貴重品だったことはいうまでもありません。

その後、氷を口にできない庶民のために、氷をかたどってつくられたのが〝水無月〟という菓子でした。白い外郎《ういろう》の上に、甘く煮た赤い小豆をのせ、三角形に切り分けたもので、小豆がのせられているのは、赤は魔除けの色と信じられていたからです。

京都では夏越の祓の六月三十日に、暑い夏を乗り越え、秋も健康に過ごし、大晦日までの半年を無病息災で過ごすことを祈って食べる風習が残されています。また、全国の和菓子店ではこの時期に水無月が売られます。

七夕は何故「たなばた」と読む？

「七夕」の正式な読み方は「しちせき」。これは、上巳（三月三日）や端午（五月五日）と同じ五節句の一つとなっています。それが、なぜ「たなばた」と読まれるようになったのでしょうか。

有名な七夕伝説として、「天帝（神様のような存在）が機織り娘と牛飼の青年を夫婦にしたら、仲がよくなりすぎて、娘が機を織らなくなった。怒った天帝は二人を離ればなれにし、一年に一度、七月七日にしか会えなくした」というものがありますが、これは中国伝来の話です。

それに対し日本には、「村に降りかかった災難を神様に祓っていただくため、水辺で神様の衣を織った」とされる**「棚機《たなばた》つ女《め》」の話**がありました。

「機」という漢字は「はた」と読むので、「棚機」が「たなばた」となるのは自然です。七夕伝説は、この「棚機つ女」の話と、「（七月七日の）機織りと牛飼い」の話が融合してできあがったため、いつしか「七夕＝七月七日＝棚機＝たなばた」となっていきました。

機織にすぐれていた織女にあやかって、**女子の手芸（裁縫や習字、歌のたしなみなど）が**

上達するように願いを込めて供え物をし、牽牛星と織女星を祀っていました。やがて女子に限らず、子どもたちの手習い、つまり学問やお稽古事が上達するようにと願って、寺子屋などでは、短冊を書いて笹の葉に飾りつけるようになりました。

七夕の前夜には机をきれいにする

七夕の前夜は、短冊にさまざまな願いを書くのが楽しいものです。

ところで、子どもにはもう一つやらせることがあるようです。それは「硯洗《すずりあらい》」という行事です。

これは、**七月六日の夜に子どもが硯や机、筆などを洗い、無病息災と習字や学問の上達を祈る**七夕の行事です。

この硯洗は、硯に梶の葉（クワ科の葉。昔は短冊の代わりに使われた）を七枚添え、神前に捧げた神事からきています。現在も、京都の北野天満宮では「御手洗《みたらし》祭」が行なわれています。

自宅に硯や筆などがないなら、普段使っている勉強机やパソコン、ペンなどをきれいに拭いてあげるといいでしょう。

七夕飾りはどう片付ければいいのか

雛飾りは雛祭りの翌日に片付けられることが多く、「もうちょっとは飾っておきたい」と思うでしょう。

ところで、七夕飾りの片付けはもっと早く、なんと**その日のうちに下ろすのが正式**とされます。夜、七夕を楽しむと、「片付けるのは明日で」と思いがちですが、その日のうちに必ず下ろしてしまいましょう。

七夕飾りは、神様に持っていっていただくため、海や川へ流すことになります。この「七夕送り」は、七夕の行事の中で最も重要なものでした。江戸時代、徳川家などの武家は品川の海に流しており、その後も、麦わらなどで「七夕船」という船を作り、使い終わった七夕飾りを積んで流すという風習が残っているところは少なくありませんでした。

しかし、環境に対する関心が高まる昨今では、七夕飾りを海や川へ流す習慣も少なくなっています。

土用の丑の日のうなぎ

七月末になると、うなぎ屋さんは大忙し。土用の丑の日にうなぎを食べると夏バテ防止にいいといわれているからです。蒸し暑さが続くこの時期には、うなぎなど滋養に富んだものを食べることは、栄養学的にも理にかなっているそうです。

この「土用」は季節を表す言葉で、立春・立夏・立秋・立冬それぞれの前十八日間を指します。夏に限らず、春夏秋冬それぞれの季節にあるわけです。

さらに「土用」は、中国の五行説に基づいています。宇宙のすべては木・火・土・金・水から成り立っていると考え、春は木、夏は火、秋が金、冬は水として、残った土はそれぞれの季節の変わり目に配されました。それが土用になったのです。

「土用の丑の日」は夏の土用。七月二八日前後です。丑の日とうなぎを結びつけたのは、江戸時代の蘭学者の平賀源内です。丑の日には「う」のつくもの、たとえば、瓜や梅干、うどんなどを食べるといいという民間伝承から思いつき、知り合いのうなぎ屋の宣伝に使いました。「本日丑の日」と書いた紙を貼り、店を繁盛させたのが始まりとされています。

第3章

秋

お盆の迎え火・送り火

お盆は正しくは「盂蘭盆会《うらぼんえ》」「精進会」といいます。先祖の霊を迎える仏教の儀式です。**先祖の霊が、あちらの世界から現世に帰ってくる**といわれ、七月十五日前後の数日間がその時期にあたります。旧暦の七月が、現在の暦では八月にあたり、多くの地域では八月十五日前後に行っているようで、八月中旬に夏休みをとって里帰りする人も多いと思います。

十三日には迎え火を焚いて先祖の霊を家に迎え入れます。家の玄関先や庭先に、ほうろくという素焼きの皿に麻幹《おがら》を折って軽く積み上げます。そこに火をつけて燃やします。先祖の霊が迷わずに来られるような目印にするためです。提灯を下げるのも同じ意味があります。迎え火や送り火は門火《かどび》とも呼ばれます。

お盆中には、僧侶に読経してもらうなどの供養が行われますが、新仏が出た家では、「新盆」になるので、故人と親しかった人たちを招いたりして、とくに丁重に供養することもあります。十六日の夜には、帰っていく霊のために送り火を焚きますが、土地によっては、このときに灯籠流しをします。

馬に乗って来て、牛に乗って帰る

お盆に飾られるのが、野菜で作った動物のお供え物です。ナスやキュウリなどに割り箸を刺して牛や馬に見立て盆棚に供えます。では、なぜそのようなことをするのでしょうか。

仏様は馬に乗り、牛に荷物を背負わせて里帰りするという伝承があります。また、**里帰りは馬に乗って一刻も早く戻ってきてほしいが、彼岸へは牛に乗ってゆっくり帰ってほしいと願う**ため、という説もあります。この由来を子どもに話して聞かせるのも楽しいのではないでしょうか。

山梨県や長野県の一部では、ナスやキュウリで作った牛馬の背中に平打ちのうどんをかけ、鞍に見立てるところもあるようです。

盆踊りは先祖供養のため

本格的に夏が訪れると、盆踊りを楽しみにしている人がたくさんいます。年に一度、先祖の霊がこの世に戻ってきたのを供養する踊りなので、八月十五日前後に日本全国で開かれています。

もともとは、鎌倉時代に**一遍上人という時宗の開祖が広めた「念仏踊り」と、先祖供養が結びついていった**と考えられています。

こうして盆踊りは人々に愛されて、夏の行事として全国に広まりましたが、なかでも「日本大盆踊り」とされるものがあります。徳島の阿波おどり、岐阜の郡上《ぐじょう》おどり、秋田の西馬音内盆踊りです。

とくに阿波おどりは全国に知れ渡っています。八月十二～十五日の間、徳島市の町中を踊りながら行進するのですが、鳥追い笠に利休下駄を鳴らして踊る女踊り、激しくユーモラスな動きの男踊りがすばらしい。高張提灯を先頭に、三味線、笛、鉦《かね》、太鼓をしたがえて踊るさまは圧巻です

阿波藩の始祖の蜂須賀家政が徳島城を築いたのを祝って、領民たちが浮かれ踊ったのが

始まりと伝えられますが、現在の形は、大正年間に芸妓を集めて市中で躍らせたのが始まり。踊りの唄も、大正期に流行した「よしこの節」がベースとされています。「踊る阿保に見る阿呆、同じ阿呆なら踊らにゃそんそん」と囃し立てて踊るので、「阿呆おどり」の別名もあります。

現在では、東京・杉並区の高円寺をはじめ、全国三〇〇か所以上で阿波おどりが踊られているそうです。

大文字焼きは盛大な送り火

お盆を終え、精霊《しょうりょう》を送り出すために焚く火が「送り火」です。精霊は、この焚かれる火に乗ってあの世へ帰るとされています。送り火は本来、迎え火と同じ場所で焚かれるのが正式ですが、地方によっては、たいへん大がかりな送り火を焚くところもあります。

有名なのが京都の「大文字《だいもんじ》焼き」。**京都市左京区にある大文字山で八月十六日に焚かれる送り火**です。

この夜、京都では東山の如意ケ岳の中腹に灯す「大文字」のほか、「妙・法」「船形」「左大文字」「鳥居形」の四つの送り火が焚かれ、これを総称して**「五山送り火」**と呼びます。弘法さまざまな文字が浮かび上がる様子は壮観で、観光客も去りゆく夏を惜しむのです。弘法大師の発案という説もありますが、実はずっと後の室町中期から始まったようです。

京都には、送り火が焚かれている間に蕎麦を食べたり、杯の酒に送り火を映して飲むと災難を免れられるという、うれしい言い伝えが残っています。

京の五山にならい、神奈川県の箱根でも大文字焼きが名物となり、人気になっています。

「十五夜」の月見

旧暦の八月十五日は、現在の九月十八日頃にあたります。この日の満月を「十五夜」と呼んで、お月見をする風習があります。満月になるのは、この時期に限りませんが、**一年を通じて十五夜の満月がもっとも美しいとされています。**たしかに夏の暑さも和らぎ、夜空に昇る月はすがすがしい輝きです。旧暦では八月が「中秋」に当たるため、「中秋の名月」とも呼ばれます。

月見には、すすきを挿し、団子を供えます。また、秋の収穫の時期でもあり、新芋（サトイモ）を供えます。そこで、サトイモにちなんで「芋名月」とも呼ばれているのです。

さらに、旧暦の九月十三日（現在では十月中旬頃）の月は「十三夜」といい、この時期に二度目のお月見をする風習が残っています。十三夜には栗や豆などを供えるため、「芋名月」に対して「栗名月」「豆名月」と呼ばれています。

いずれも、**秋の収穫に感謝する行事だった**ことがうかがえて楽しいものです。

月見団子は何個を積むのか

旧暦八月十五夜と九月十三夜の月に供える団子を、とくに「月見団子」と呼びます。団子は上新粉というお米の粉を蒸し、よくついて作ります。できた月見団子は三方《さんぽう》の上にきれいに積み上げるのがしきたりですが、では、何個積めばいいのでしょうか。

地方によっても異なりますが、**団子は月の数だけ積む**のが一般的です。つまり、平年は十二個、閏年は十三個用意するわけです。ただし、この場合の閏年は太陰暦のものなので、一年は三百五十四日しかないため、二〜三年に一度は必ずありました。その年は一年が十三か月で、月見団子を十三個用意します。

しかし、現代に旧暦で閏年かどうかを確かめるのはたいへんなので、最近は、十五夜には十五個、十三夜には十三個の月見団子を用意することが多いようです。

ちなみに、月見団子には何も入れず、満月のように、まん丸に作られるのが一般的のため、味がありません。そこで、食べるときには餡やきな粉をつけていただきます。

旧暦の十月は出雲だけが神在月

旧暦の十月は「神無月」と呼ばれていますが、これは諸国から神様がいなくなる月です。しかし、**八百万《やおよろず》の神々が集まる出雲大社がある出雲では「神在月《かみありづき》」**になります。そして旧暦十月十一日から十七日までの一週間にわたり「神在祭」が催されています。

神在祭の前日には、「神迎祭《かみむかえさい》」という儀式があります。これは、旧暦十月十日の夜に、神官たちが大国主命の国譲りの舞台にもなったイナサの浜へ集まり、神々を招く儀式で、この翌日から出雲大社の上の宮で「神在祭」が催されます。

そして、神々が出雲大社を出立なさる十七日には神官たちが「お発ち、お発ち」と唱えながら楼門を三度叩きます。これを合図に、神々は旅立つそうです。

誓文払いは罪滅ぼしのセール

十月二十日の「えびす講」の前後に、主に京阪地区で「誓文払い」があります。バーゲンセールなのですが、「誓文」とは、神様に誓った約束のこと。それほど神聖な言葉が、バーゲンセールとつながったのはどうしてでしょうか。

元来、誓文払いは江戸時代に興り、旧暦十月二十日に京都の遊女や商人が神社へお参りする行事でした。

当時の遊女は、「年季が明けたらあなたと結婚します」という誓文をよく書きました。が、それはお客を引き止めるためで、その場かぎりの嘘でした。商人の場合も、商売上やむを得ず嘘をつくことは少なくありませんから、一年間についた嘘を神様に許していただこうと考え、神社へお参りしていたのです。

やがて商人たちはこの日を「罪滅ぼしの日」と定め、布の切れ端を安く売るようになり、それが京阪全体に広まったのでした。期間も、えびす講前後の一週間まで延ばされ、大々的なバーゲンセールに姿を変えたというのです。

第4章

冬

十一月の「酉の市」は熊手がいっぱい

十一月の酉の日に、鷲《おおとり》神社の祭礼で有名な「酉の市」が開かれます。商売繁盛や開運にご利益があり、信仰が広まったようです。

酉の日に開かれるので「酉の市」と呼ばれますが、最初の酉の日を「一の酉」、二回目を「二の酉」といいます。酉の日は一二日周期で巡ってくるので、暦によっては十一月中に酉の日が三回ある年もあります。

鷲神社の祭神はもともと開運を守る神でしたが、のちに武運の神として、広く信仰されるようになりました。酉の市には、七福神、宝船などの縁起物で飾りつけられた熊手が売られます。

「酉の市で熊手を買うなら、安く買うのが縁起がいい」といわれます。**駆け引きをしながら値切るのがしきたり**とされていて、商談が成立したら、威勢のいい手締めがされます。

なぜ酉の市では熊手が売られている？

酉の市では、熊手や唐の芋、黄金餅などたくさんの縁起物が売られています。なぜ、酉の市に熊手がつきものなのでしょうか。

それには農家の人々の仕事が関係しています。一年の収穫を終えた農民は、休む間もなく来年の耕作の準備を始めますが、まっ先に行うのは、熊手で落ち葉をかき集めて肥料にすること。当時の酉の市では、鋤や熊手などが売られていて、それが飾りやお供えにされるようになり、ついには装飾的な熊手に変わっていったと考えられています。

また、商家でも熊手は**「福をかき込むことができる」**として好まれ、さらに鷲神社は鷲《わし》の字が使われているので、**「運をわしづかみにする」**と縁起のよいことずくめのため、商売繁盛や出世を願う人が熊手などの縁起物を買うようになったのでした。

熊手を買うと、シャンシャンと手拍子で締めてくれるのも、景気づけと縁起をかついでのことです。ちなみに、商売をしているなら、店が年々大きくなるようにという願いを込めて、毎年少しずつ大きな熊手に買い換えていくのがしきたりになっています。

なぜ三の酉の年には火事が多いのか

「三の酉まである年は火事が多い」という話を聞いたことがあるでしょう。酉の日は十二日に一度巡ってきます。そのため、十一月一日から六日までに「一の酉」があった年は必ず「三の酉」まであることになります。

では、なぜ、この年に火事が多くなるといわれたのでしょうか。

理由は二つ考えられます。

その一つは、「宵に鶏が鳴くと火事が出る」ということわざです。ニワトリは夜明けに鳴き、宵（夕暮れ）には鳴かないのが普通です。鳴かない時間にニワトリが鳴いたということは、何か異常（火事）や天変地異の前触れに違いありません。これと同じように、二の酉までしかないのが普通の暦なのに、**三の酉があるのは、何か悪いことがある前兆かもしれない**と考えられたのではないでしょうか。

もう一つの説として、もともと鷲神社が吉原の近くにあったという理由があります。遊郭で有名な吉原には、遊女たちが逃げだすのを防ぐために、「大門」という出入り口一つしか作られていませんでした。そこも午後四時には閉められるようになっていました。

ただ、酉の市の日だけは門が開き放しとなり、男たちが気軽に出入りができました。年に二度でもイライラさせられるのに、**三度も酉の市があっては、亭主がフラフラしてたまらない**と、奥さんたちは思ったに違いありません。

そこで「三の酉まである年は火事が多い」という話を作り、亭主を吉原に立ち寄らせないようにしたのではないか……と考えられています。

新嘗祭で収穫に感謝する

新嘗祭《にいなめさい》と聞いてわからない人も、「勤労感謝の日」といえばわかるでしょう。**天皇が米や新酒を神々に供え、収穫に感謝するという宮中儀式**が新嘗祭です。現在は十一月二三日に行われ、その日は「勤労感謝の日」として国民の祝日にもなっています。

新嘗祭で神前に供えられるのは、選ばれた田畑の米と粟から作られたご飯とお粥、そして白酒《しろき》（甘酒）と黒酒《くろき》（本来は白酒にクサギの灰を入れ黒色にした酒だが、最近では黒ごまの粉で黒く色づけされる）で、天皇は神とともに食事を行うとされています。

冬至の日のお風呂のしきたり

十二月二二日頃は二十四節気の一つ、冬至にあたります。北半球では、一年を通じてもっとも昼間の時間が短くなります。北半球では太陽の位置が一年でもっとも低くなり、昼間の時間がもっとも長い夏至の日に比べ、昼の時間は約五時間ほど少なくなります。

冬になると、どんどん日暮れが早まりますが、冬至の日を境にして、昼間の時間は徐々に長くなっていきます。「一陽来復」ともいい、冬が去って春が来ること、それが転じて、悪いことの後によいことがめぐってくると考えられます。

冬至には、ゆずを浮かべた「ゆず湯」に入ります。「ゆず湯」に入ると風邪をひかないという言い伝えがありますが、これは端午の節句の「菖蒲湯」と同じように、身を清める意味があると考えられています。

ゆずはビタミンやクエン酸が豊富です。さらに、ゆっくり温まることで、冷え性や神経痛にも効果があるといわれ、寒さに負けない知恵なのでしょう。ゆず湯のほかにも、冬至には、かぼちゃや小豆粥を食べて無病息災を祈る風習が伝えられています。

しめ飾りは いつ飾ればいいのか

新しい年を迎える前には、玄関や神棚などを飾りつけますが、よく見られるのがしめ飾りです。神社でしめ縄を張り巡らせていますが、これは神様を迎える神聖な場所だと示す目印。家に飾る「しめ飾り」もしめ縄と同様に、神聖な場所だと示しているわけです。

しめ飾りには「稲わら」で編んだ縄のほかに、「うらじろ」や「だいだい」などが付けられます。「稲わら」は新年の豊作を祈るもの、「うらじろ」は常緑の植物で、つねに緑を保つので、長寿を祈る意味があるとされています。「だいだい」は、その名前の通り、代々栄えるようにという願いです。

しめ飾りは、年末に飾り付けますが、大晦日や二九日に飾るのはよくないとされ、とくに二九日は「二重苦」とつながり、「苦立て」として嫌われます。また大晦日は正月の前日に当たるので「一夜飾り」になってしまいます。「一夜飾り」は葬儀の飾り方と同じなので、昔から戒められています。

第4章　冬

大晦日の年越しそば

大晦日の夜の食べ物といえば、年越しそばです。家族で年越しそばを食べるひとときは、一年を振り返る貴重な時間になるはずです。この風習は、江戸時代頃から、**長寿でいられるようにとの願いから広まっていった**といわれています。

また、もとは金銀細工師が、細工場のあたりに散った金粉を集めるのに、そば粉団子を使っていたことから、**そばは金を集める縁起のいいもの**とみなされ、来る年に金運が上がるようにと、大晦日に食べるようになったという説もあります。

そばの薬味として使われるねぎについて、その語源は「ねぐ」といいます。「祈る」という意味があり、そばに入れると、幸運を祈願する意味があるとされています。

年末になると、大掃除や餅つき、新春飾りの飾りつけなど、新年を迎える準備で忙しくなります。十二月を、師も走る「師走」といいますが、年末はなにかとあわただしい時期です。しかし、とりあえず、除夜の鐘を聞きながらそばを食べていると、静かに年が過ぎていくのを感じられるでしょう。

なぜ除夜の鐘は一〇八回なのか

大晦日の午後十一時頃から、全国各地の寺院でつきはじめる鐘を「除夜の鐘」といいます。「除夜」とは、「除日《じょじつ》の夜《よ》」の略で、大晦日の夜を指します。

これは中国から伝わった仏教行事です。鐘は一〇八回鳴らされるのがしきたりで、一〇八**回は人間が持つ煩悩の数に由来**しています。

私たちの体には、六つの感覚器官（六根）があるといわれています。そして、それぞれに平《へい》（平常）、好《こう》（好い気持ち）、悪《お》（悪い気持ち）という三つの感情、その程度に染《せん》（汚れている）、浄《じょう》（きよらか）の二種類、さらにこれらすべてが現在、過去、未来にわたって人を悩ましているので、煩悩の数は六×三×二×三＝一〇八になるのだとか。

このほかにも、十二か月、二四節気、七二候を合計した数字という説、四苦八苦を取り払うことから四×九＋八×九＝一〇八になったのだという説もあります。一〇八のうち一〇七までは前年中につき、最後の一〇八番目を新年と同時につくのが正式とされます。

第2部

人生の節目

第1章

結婚

お見合いは釣書《つりがき》から始まる

恋愛結婚が主流になったとはいえ、知人が縁を取り持つ「お見合い」もまだ見られます。お見合いといえば、写真が思い浮かぶかもしれませんが、「釣書」というものが必要です。

「釣書」とは「身上書」です。相手に自分をよく理解してもらうのが目的で取り交わすものなので、氏名、住所、学歴、職歴、趣味や特技などを書くのが一般的とされています。身長や体重、健康状態などのほか、「結婚したらどんな家庭にしたいか」といった将来への展望を書き込んでもいいようで、お見合い当日に話題にしやすいという利点があります。

この「釣書」は自分で書きます。自信がない場合は他人に依頼もできますが、やたら飾り立てたり、内容が間違っていたりすると、先方に対して失礼になります。毛筆で、半紙か白無地の和紙の便箋に楷書で書くのが正式ですが、白無地や罫線の入った便箋に黒かブルーの万年筆で書いてもいいでしょう。

「釣書」のほかに写真、家族書が必要とされます。「家族書」には家族の氏名と続柄、年齢などを書きます。

結《ゆい》納《のう》を取り交わす

結婚の意思が固まり、婚約成立の証として、**両家が金品を取り交わすのが結納の儀**です。近年では簡略化されていますが、正式には仲人《なこうど》を立てます。

結納の儀式は、地域ごとに特色が強く出るようですが、夫婦の幸せと両家の繁栄を願う気持ちは全国共通です。最近では仲人を立てずに両家の両親と当事者だけで結納を行うことが増えていますが、まだ仲人が両家を往復して結納品を取り交わす土地も残っています。

結納は、一般によく使われる六曜の中で「大安」「友引」「先勝」といった日の午前中にするのが吉です。「先負《せんぷ》」「赤口《しゃっこう》」「仏滅」にはしないのが常識ですが、絶対はありません。「それ以上は悪くならない、良くなるばかりである」と考え、仏滅に結納を行うケースもあります。ですから、結納の日が「大安」であっても「仏滅」であっても、「本日はお日柄もよく」という口上は必ず使われます。

しめくくりの挨拶は、「これにてご両家のご婚約がめでたくととのいました。まことにおめでとうございます。どうぞ幾久しくご多幸をお祈り申し上げます」です。

結納の「家内喜多留料」とは

結納は地方によって形式がさまざまです。しかし、結納品の点数は、三品、五品、七品、九品と、二つに割ることのできない「奇数」でそろえるのがしきたりです。また、結納品は縁起をかつぎ、それぞれに意味のある当て字が使われています。

まず、「家内喜多留」とは何を指すのでしょうか。**これは「柳樽《やなぎだる》（柄樽の一種で、二本の柄のある祝儀用の酒樽）」のこと**。柳の葉のように強くしなやかの意と、家の中に喜びが溢れ、いつまでも留まるようにという願いがこめられています。かつては本物の柳樽を持参しましたが、近年では「家内喜多留」料として現金を贈るようです。

このほかに、「寿留女（スルメ。噛めば噛むほど味が出る夫婦になってほしい）」「子生婦（昆布。喜ぶという言葉の縁起物。元気な子を産んでほしい）」などがあります。

結納品を受けるには、「ありがとうございます、幾久しくお受けいたします」と挨拶します。品は、結婚式当日まで家の床の間などに飾っておきますが、場所がない場合は箱にしまって、結婚式の十日ほど前から飾ります。

結納金の目安はどれくらいか

結納金は、男性側から女性側へ贈られるお金で、「小袖料」「帯地料」「宝金」などとも呼ばれます。**相場は給料の三か月分とされていますが**、関西ではこれより少ないのが一般的なようです。

贈られた側は、半額を「結納返し（御袴料）」として男性側に贈るのがしきたりです。ただし、関西では、結納返しは一～三割程度とされ、結納金の相場が関東より低く抑えられているようです。

よく考えるとお金が往復しているだけなので、結納金の代わりに婚約指輪を贈るカップルも増えています。しきたり、ではありませんが、やはりダイヤモンドリングがいちばん人気です。婚約指輪のお返しは、かつてはカフスボタンやネクタイピンなどでしたが、最近はどちらもあまり身につけなくなったため、腕時計を贈る女性が多くなっているとか。

結納は単なる古いしきたりではありません。正式な婚約証明として裁判で認められており、仮に破談になったとしても、結納を行っていると婚約不履行が認められます。

結納の席では「桜湯」や「昆布茶」

どの家でも、来客があると「お茶」を出します。しかし、なぜか縁談の申し入れや、**結納の席では「お茶」は出さないのがしきたり**です。

お茶は葬儀や法事などの引き出物として使われることが少なくないので、不幸を連想させるからと、避けるようになったという説があります。また、「お茶を濁す（その場をなんとか取り繕ってごまかす）」という慣用句から、ともいわれています。

そこで、桜花の塩漬けの「桜湯」や「昆布茶」が出されます。「桜湯」は茶碗の中で花びらが開き、香りも良いので、華やかでおめでたい席にぴったりです。ただ、地域によっては「桜の花は散る」というので、「桜湯」を使わないところもあります。

「昆布茶」は、よろこぶや「子生婦」に通じ、縁起がいいとされています。

「桜湯」や「昆布茶」に、鶴や亀などの干菓子を添えて出すと、さらに心のこもったもてなしといえます。

嫁入り道具はいつ送ればいいのか

嫁入りの家具や調度品などを女性側が新居に運ぶのが「荷送り」です。新生活を迎えるために買った品や、これまで使ってきた思い出深いものなどを新居に送るのですが、いつ頃送ればいいのでしょうか。

昔は挙式当日の早朝に、荷物目録を添えて送るのが慣例でしたが、**最近では挙式の一週間から三日前くらいまでに送ります。**大型の家具は購入先から直接運んでもらうことも多くなっています。

なぜ嫁入り道具に「荷物目録」をつけるのかといえば、嫁入り道具は夫が自由にできない妻の財産とされたので、目録はその証拠なのです。ですから、荷物目録には宛名も送り主の名前も書きません。

荷送りはめでたい儀式なので、荷物を運んでくれた人には必ず祝儀を包むようです。

婿側は、荷物の梱包を解いて部屋に並べておきます。嫁入り道具の所有者は嫁で、あくまで預かり物です。勝手に開けて中身を見たりしてはいけません。

文金高島田の由来とは

純白のウェディングドレスは大人気ですが、白無垢や文金高島田がいいという女性も多いようです。白無垢は純白の和装の花嫁衣裳として有名ですが、さて、「文金高島田」とは何のことでしょうか。

これは、**和装の花嫁の代表的な日本髪の型**です。江戸時代から花嫁の髪型として定着し、明治時代に大いに流行したようです。

もともと「島田髷《しまだまげ》」は未婚女性の髪形でした。時代劇の町娘などによく見られますが、これに対して既婚の女性の髪は「丸髷《まるまげ》」でした。

「文金高島田」については、いくつかの説があります。江戸中期に結い始められた文金風（八代将軍吉宗時代の小判の呼び名）の男髷が女髷に移り、発展していったという説。あるいは、寛永の頃、京都の島田花吉という女歌舞伎役者が始めた髪型という説など。

特に髷の根の部分が高く、華やかな印象があり、晴れの舞台にふさわしい髪型でしょう。地毛で結い上げるには長い時間がかかるため、現在ではかつらが主流となっています。

謡曲「高砂」は、理想の夫婦と長寿を謡う

結婚披露宴では、「二人の前途を祝して」と前置きを言い、「たかさごやぁ〜」と歌う場面が見られます。結婚式に欠かすことのできない、おめでたい謡曲「高砂」は、どんな内容なのでしょうか。

謡曲「高砂」は、「秘すれば花なり、秘せずば花なるべからず」の一説で有名な、**能の理論書『風姿花伝《ふうしかでん》』を書いた世阿弥の作品**です。内容は、九州阿蘇宮の神官が播磨国、高砂の浦にやってきたところから始まります。神官が松の美しい浦にいると、老夫婦が木陰を掃き清めます。老夫婦は「高砂の松と住吉の松とは相生《あいおい》の松（一つの根から生えた松）である。離れていても夫婦」と、古今集の序を引用して説きます。そして、松の永遠と夫婦の仲睦まじさを語ります。この老夫婦の正体は「高砂の松」と「住吉の松」の精霊で、二人は小船に乗って去ります。神官もまた二人のあとを追って船を漕ぎ出すと、住吉にたどり着くという内容です。

このことから、理想の夫婦愛、理想の長寿の姿を表すとして、祝賀の小謡に用いられています。

仲人と媒酌人の違い

一般に「仲人」と呼ばれていても、結婚式当日には「媒酌人」と呼ばれます。では仲人と媒酌人の違いは何でしょうか。

仲人は縁談から結婚式まで両家の間をとりもつ人のこと。一方、媒酌人は挙式当日の立会いをする人です。

仲人と一言にいっても役割はさまざまです。縁談の紹介から結婚式に至るまですべてを任される場合もあれば、結納の立会人としてスタートし、挙式・披露宴の媒酌だけを担当する場合もあります。

媒酌人というのは挙式・披露宴当日、両家の代表という役目を担う呼び名。最近は仲人を立てないケースが多く、挙式当日だけ媒酌をお願いする人を立てるケースも増えています。つまり、仲人と媒酌人が同じ場合もあれば、仲人はいなくて媒酌人だけがいるということもあるのです。さらに、媒酌人を立てない披露宴もあります。

媒酌人は、挙式が無事にすんだことの報告や新郎新婦の紹介、二人が結婚に至る経緯の話など、披露宴できちんと挨拶をしなくてはいけません。媒酌人夫人は挙式当日、新婦の母親代わりとして、体調や衣裳に気を配り、また緊張をほぐすような細やかな優しさが求められます。

当日限りの媒酌人でも気軽にできるわけではありません。仲人と同じように誠意をもって臨まなければなりません。

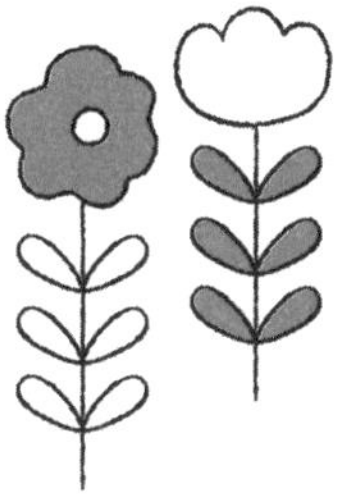

仲人へのお礼は御祝儀の倍返し

仲人へのお礼は、どのようにしたらいいのでしょうか。

本来は、結納が終わった時点で一度、挨拶とお礼をし、結婚式の後でもう一度、挨拶とお礼をするのが正式です。ですが、現在では結婚式が終わった後に、結納式の件もまとめてお礼にうかがうのが一般的です。

仲人にはさまざまな苦労をかけるものですから、言葉のお礼だけですますわけにはいかず、謝礼を渡すのが礼儀です。

では、いくらくらい包めばいいのかというと、結納金の一割〜二割、または五万〜十万円といわれています。**結婚式のお礼は、仲人さんからいただいたご祝儀の二倍返し**というのがしきたりです。なかには数十万円もの御祝儀を包んでくださる仲人さんもいます。その場合は、ご厚意に甘えていいので、半返しから同額にとどめておくべきでしょう。

最近は、結婚式の媒酌だけを依頼するケースも増えていますが、この場合のお礼も御祝儀の倍返しというのが一般です。

遠方の結婚式では交通費の負担はどうするか

遠方での結婚式や披露宴の招待を受けたとき、交通費や宿泊費などを招待側が負担すべきという意見もあれば、お祝いなので招待された側が負担すべきという意見もあります。

どの程度まで負担するかは、地域の習慣やつき合いの深さなどによって異なるようですが、**主賓や仲人など、結婚式に欠かせない人が遠方の場合、招待側が負担**します。

出席してほしい友人などには、お祝いを辞退して出席してもらうケースもあります。また、宿泊費か交通費の一部を負担することもあります。その場合は、披露宴後にあらためて「お車代」として交通費の一部を包みます。

このような習慣があることもふまえて、招待する側は、相手の立場になってよく考えてから招待状を送りましょう。事前に、電話などで相談してみるのもいいでしょう。

披露宴へ招待された側も、出費が負担になるなら、思いきって披露宴を欠席して、気持ちを込めたお祝いを贈るという選択もあります。出費は覚悟のうえで出席する場合、お祝い金を少なめにする方法もあります。

三々九度の盃は、なぜ三回に分けて飲むのか

神式の挙式では「三献《さんこん》の儀」、つまり三々九度が欠かせません。三つ組の盃で新郎新婦が順番にお神酒《みき》をいただきます。口をつけるときは、それぞれ三回に分けて飲みますが、それには意味があります。

三という数字は易学でめでたい陽数であり、一、三、五、七、九という陽数の中でも、九はその頂点で、最高に縁起のいい数とされています。

「三三九度」は、お神酒を一つの盃で互いに飲み、「一生苦労をともにする」という誓いがこめられています。儀式の基礎は室町時代に生まれたといわれ、江戸時代の『貞丈雑記』という本には詳しい説明があることから、広く庶民の間にも定着した儀式といえるでしょう。

使われる三つの盃はそれぞれ大きさが異なり、上から天、地、人を表しています。まず一の盃を新郎が受け、次に新婦がその盃をいただき、再び新郎に。二の盃は新婦から新郎、そして新婦へ。三の盃は再び新郎、新婦、新郎と渡されます。

口をつけるときは、両手の四本指をそろえて盃を持ち、一口、二口目は口をつけるだけで、三口目で飲み干すのが正式です。このように、縁起のいい三という数字を三回重ねて、最高のめでたさを表すわけです。お酒の飲めない人は事前に伝えて、飲む形だけでもかまいません。

和装の花嫁の角隠しの意味

最近ではチャペルでの挙式が増えていますが、清楚で厳粛な白無垢の花嫁衣裳に憧れる女性も少なくありません。白無垢のときは、花嫁は髪を隠すように綿帽子をかぶったり、**帯状の白い布で髪を覆ったりします。この布は「角隠し」と呼ばれます。**

角隠しが庶民の間に広まったのは、江戸時代から明治時代といわれていますが、その由来についてはさまざまな説があります。

◆女性は嫉妬に狂うと角が生えて鬼になるという言い伝えがあり、鬼にならないためのまじないとして、角隠しをつけた。

◆昔の女性は寺にお参りする時に髪の生え際を隠さなければならないとされ、黒い布で頭を覆っていた（「すみかくし」）。それが転じて、婚礼にも用いられるようになった。

◆鎌倉時代以前、身分の高い婦人が外出する際に、頭の上から体まですっぽりと覆う被衣《かづき》と呼ばれる薄い衣をかぶっており、それが形を変えて角隠しになった。

◆夫となる人物以外に顔を見せないため。

◆江戸時代末期に、歌舞伎役者の髪型を見た女性が、それを真似たから。

しかし、一般的には、怒りの感情の「角《つの》」を隠し、しとやかな妻となる決意を示している、という説が広く知られているようです。

紋付の家紋には正式な数がある

いろいろな式で撮影された昔の写真を見ると、男性はほとんど羽《は》織《おり》袴《はかま》姿です。日本男性の伝統的な正装が「紋付袴《もんつきはかま》」だったからですが、紋付の紋とは「家紋」のことです。

「家紋」は、自分の家を表すシンボルマークのようなものです。戦国期におこった「武家紋」といわれる家紋は、戦闘のときに敵味方を見分ける印として考えられました。大河ドラマなどでよく見られる、旗や武具などについている印が「武家紋」です。

いちばん正式な紋付は「五つ紋」です。どこの家の人間なのか、どこから見てもわかるようにと、両胸、両袖、背中の計五か所に紋がついています。

家紋にはさまざまな種類がありますが、天皇家の「菊の紋」や、テレビドラマでお馴染み黄門様の印籠の「徳川葵」のように、植物をかたどったものが多いようです。また、鶴や亀や鷹などの縁起のいい生き物や、文字をデザイン化したもの、職業を表したものなどもあります。

結婚式ではなぜ黒い留袖を着るのか

最近の結婚式では、ワンピースやスーツなどを選ぶ列席者も増えていますが、新郎新婦の母親や媒酌人の女性は黒地に刺繡や染の「留袖」を着ることも多いようです。

では、なぜ、結婚式には黒い留袖を着るのでしょうか。

和服は、はっきりと格が決められています。また、洋装には既婚、未婚の区別はありませんが、和服ではミスにしか着られないものや、ミセスにしか許されない着物があります。既婚者の正礼装は「黒留袖《くろとめそで》」で、黒地に、おめでたい「吉祥文様」や古典的な「有職《ゆうそく》文様」の裾模様が入っています。

それに対して、地紋が黒以外の留袖は「色留袖《いろとめそで》」です。黒留袖にくらべると格が下になりますが、染め抜き五つ紋の場合は黒留袖と同格になります。三つ紋、一つ紋は順に格が低くなります。

黒留袖は既婚女性の第一礼装ですから、基本的に、新郎新婦の母親、既婚の姉妹、親族、媒酌人夫人が着用します。ただし、既婚者でも年齢が若いなら、色留袖を着てもいいでしょう。

黒留袖を着る場合には、帯は糸錦、唐織など格の高い袋帯を二重太鼓などに結びます。

また、帯締めやバッグ、草履などは、金や銀の入った華やかで格調の高いものを合わせます。

披露宴の招待客の席次

「披露宴では招待客の席次がむずかしい」といわれます。主賓や上司など、社会的地位が高い人ほど席次にこだわる傾向があるようです。

基本中の基本は、新郎側のお客様の席は新郎新婦から見て右、新婦側のお客様の席は左ということ。結婚式場を利用するときは係の方が教えてくれますが、レストランを借りきって披露宴をするときには間違いのないようにしましょう。

新郎新婦の近くから順に、主賓、会社の上司や恩師、友人・知人、家族・親族と並ぶのが正式です。ただし、いくら格が同じでも、一度も会ったことのない人の隣や正面では気づまりで、場も盛り上がりません。できれば、ちょっと席次を変えて、会話が弾むようにするといいでしょう。

新郎側と新婦側とで出席者の数が異なる場合も、同じ理由で、できるだけ年齢や立場が似通った人たちが同席するように工夫したいものです。

披露宴が円卓の場合は、そこまで厳密に席次を考えなくてもいいようです。席次よりも、親しい人が同席できる方がいいのです。

ちなみに、子連れの人や、途中で退席することがわかっている場合は、末席に座っていただくように配慮します。上座の席が空いているのはよくないものですし、本人も会場から出入りしやすいはずです。

引出物になぜ、かつお節が入っているのか

かつては、結婚式に招待されると、引出物の大きな紙袋を下げて帰ったものでした。茶器のセットや花瓶、寝具などのほかに、鯛をかたどった大きな干菓子などが入っていることが多かったのです。

最近ではカタログギフトが発達して、引出物の内容もまるで変わりましたが、「かつお節」は人気のある品のようです。では、どうして結婚式の引出物にかつお節が入っているのでしょうか。

鰹を三枚におろして「節《ふし》」と呼ばれる舟形に成形し加工したのがかつお節です。かつお節は、背中側を「雄節」、お腹の側を「雌節」と呼び分け、二つ合わせると「鰹夫婦節《かつおめおとぶし》」になります。

二つ合わせた形が亀の甲羅に似ているため、「長寿」や「末永い」の意味を持ち、まさに結婚式にはぴったりといえます。さらに、かつお節は朝廷への献上品や、神様へのお供え物としても用いられる高級なものでした。

昔は、結婚式に列席するのに何日もかけてくる人もいたので、帰るまでの保存に耐え、

式に列席できなかった家族の土産となる、かつお節は喜ばれたのでした。

また、「勝男武士」に通じることで、元気な子に育つようにと、出産の内祝いにも用いられました。「勝つ魚」という意味で、七五三や入学の内祝い、快気祝いなどの贈答品として、今も広く愛されています。

第2章

子どもの誕生と成長

岩田帯を巻くのは戌の日

子どもを授かって五か月目になると、岩田帯を下腹部に巻く儀式「帯祝い」が行われます。胎児の無事な成長と妊婦の安産を祈願するのですが、五か月目の特定の日に岩田帯を巻くとよいとされています。

その特定の日は「戌の日」。**戌の日の理由は、多産でお産が軽い犬にあやかったもの**です。医学的には、お腹を帯で支えるという意味があります。

昔は、紅白の絹の帯を二筋と、普段に使用するためのさらし木綿一筋を妻の実家から贈るのが慣わしでしたが、現在は安産祈願で有名な神社から授かることが多く、その年の恵方に向かって巻くのがよいとされています。

帯の長さは七五三にちなんで、七尺五寸三分（約二・三メートル）になります。絹の帯は儀式用なので、お祝いの当日だけ巻くようにして、赤ちゃんの祝い着に仕立て直す習慣もあるようです。

帯祝いは、正式には子宝に恵まれた夫婦が「帯親」になるのでしたが、今は両親や親しい友人などを呼ぶか、夫婦だけですませる場合も多くなっています。

帯祝いに紅白の餅を食べる土地もあり、この餅は「帯祝い餅」や「はらいた餅」と呼ばれます。餅の中には小豆が一粒入っており、餅を包丁で開くときに、小豆が切れれば女の子、切れなければ男の子が生まれるなどと言い伝えられています。

産湯に入れて「産土神」に守っていただく

お母さんのお腹の中で育ってきた赤ちゃんは、生まれると、体を清めるために産湯《うぶゆ》に入れられます。「産湯」は体を清めるのと同時に、ある大切な意味があります。

「産湯」というのは、産土神《うぶすながみ》（その土地の守り神）が守ってくださる大地の水のこと。産湯に赤ちゃんを入れて穢れを洗い流し、体を清めて、神様の産子（氏子）の仲間入りをさせるためとされています。

昔は、産湯の中に酒や塩を入れると風邪をひきにくく、漆《うるし》のお椀を入れると、漆にかぶれない子に育つという言い伝えもありました。赤ちゃんの入ったあとの湯は、トイレや床下などの光にふれないところに流したとか。

また、自宅で出産した場合、赤ちゃんが産まれるとすぐに「産飯《うぶめし》」といって米の飯を炊きました。「一生食べ物に困らないように」の意味で、一升炊くことが多かったようです。茶碗に高く盛りつけ、部屋の箪笥の上などに置き、産土神に供えられ、母子の健康を祈願します。

産飯はお供えから下げられると、赤ちゃんの枕元に置かれ、産婦や産婆、家族などで食べました。たくさんの人に食べてもらうほど、赤ちゃんの暮らしが豊かになるともいわれるようです。ただし、男性は食べることができません。

産着には麻の模様

現在では、新生児の死亡率はたいへん低くなりましたが、昔は産まれたばかりの赤ちゃんが死んでしまうケースも珍しくありませんでした。それでも「丈夫で大きな子に育つように」という願いは今も昔も変わりません。そんな思いは産着の模様にも託されています。

産着によく見られる六角形の柄は、植物の麻をかたどっています。麻は二〜三メートルに伸びます。品種や生育状況によっては、もっと大きく育ちます。日本には古くから自生しており、生長が非常に早いことでも有名で、忍者が麻の種をまいて飛び越える訓練をしたという逸話もあるくらい。どんな環境にも対応しやすく、丈夫で早く大きくなるので、**麻はまさに「丈夫で大きな子に育ってほしい」という願いにぴったり**でした。

また、麻には邪気を祓い、災いを寄せつけないというお守りの意味もあります。現在の産着では麻の模様がプリントされていますが、昔は母親が生まれてくる子どものために、一針一針、刺繍をしたものでした。

ところで、昔は、着物の背中の縫い目には、魔除けの力があると信じられていました。でも、一枚生地で仕立てる産着には背縫いがないので、その代わりに**飾り糸で背中に刺繍をして、背後から入り込もうとする魔物から赤ちゃんの命を守る「背守り」**という風習もあります。

「へその緒」は大切なお守り

お産が無事にすんで、母子ともに退院するときに、病院では「へその緒」をくれます。へその緒はとても大切なものとして扱われていて、病院が桐の箱に入れて渡してくれたり、へその緒ケースが通信販売されています。確かに、へその緒は、母親と子どもを結ぶ命のパイプラインだったわけですから、大切に思えるのもわかりますが、へその緒にまつわる言い伝えがあれこれ残されているのも、理由の一つでしょう。

子どもが大病をしたときに、へその緒を煎じて飲ませると一命を取りとめる。その子の九死に一生というときに、へその緒を削って飲ませると一度は必ず治る……。へその緒を紛失すると、その子の運命が弱くなったり、病弱になったり、物覚えが悪くなる。あるいは、兄弟姉妹のへその緒を持つと、魔除けやお守りになるという地域もあります。

昔の人はへその緒を神などに供えて、子どもが成人するまでは守り神として大切にし、子どもが独り立ちするときに持たせるなどしていたようです。

産まれて七日目は「お七《しち》夜《や》」

産まれた子どもが元気に育つことが難しかった時代には、七日間は一つの節目でした。大変めでたいので、**さらに健やかな成長を願って「お七夜」として赤飯などを炊いて祝ったのです。**

成長の見通しが立つのが七日目と考え、親戚や知人などを招いて、赤ちゃんの名前を披露していたのが由来です。この日に命名するのは、武家社会が七日目に名前をつけたことが起源とされています。

半紙に子どもの氏名と生年月日を書き、三方《さんぽう》にのせて神棚に飾るのが正式な命名の儀ですが、最近では神棚や床の間がない家もあり、部屋の目立つ場所に貼ることが多いようです。ただし、法律では出生届けは生後十四日までとなっているので、無理にこの日に合わせる必要はありません。

また、この日は産婦の床上げをする日でもあり、「枕引き」「枕下げ」とも呼ばれました。

「お宮参り」は産土神への挨拶

子どもが生後一か月を迎えた頃、初めて産土神にお参りに行き、将来の健康と幸福を祈願するのが「お宮参り」です。これで、子どもは正式にその土地の一員と認められます。

産後に神様にお参りする習慣は古くからあり、「産土参り」とされていました。「お宮参り」と呼ばれるようになったのは、室町時代からといわれています。

男の子なら生後三十二日目、女の子なら三十三日目に行うのが昔からの習慣ですが、「百《もも》日《か》詣《まい》り」といって百日目に参拝する地方もあります。また、現在は、赤ちゃんの体調や天気を選んで出かけるケースが多くなっています。

お宮参りは、夫の母親（赤ちゃんからは父方の祖母）が抱くのが慣わしです。これは、子どもの母親の体に産後の穢れが残っているからとも、産後の体に無理をさせないためともいわれています。

赤ちゃんには妻の実家から贈られた祝い着を着せます。男の子の祝い着は、おめでたい柄の紋付、女の子の祝い着は友禅の晴れ着が正式とされていました。

「お食い初め」のお膳に出すもの

赤ちゃんが生まれて百日目（地方によって異なる）に、お膳に用意した食事を食べさせる真似事の儀式が「お食い初め」です。健康で、食べ物に困らないようにという願いが込められています。

この儀式は平安時代から始まったといわれ、初めて箸を使うので、「箸揃え」「箸祝い」と呼ばれることもあります。

箸は柳の白木、お椀は鶴、松などの蒔絵模様の描かれた漆器を使うのが正式です。

料理については、**その地方で食べられるおめでたい料理や、旬の食材を使った料理**とされています。お祝いなので、赤飯や煮物、鯛の尾頭付きを並べたりします。「しわがいっぱいできるまで長生きするように」と、梅干を添える地域もあります。

料理のほかに、お膳には「石」をのせます。生後百日目というと、赤ちゃんの歯が生え始める頃なので、石には「歯が硬く丈夫に育ってください」という願いが込められ、そのため「歯固め」と呼ぶ地方もあります。

一歳の誕生日のお祝い

日本では、かつてはお正月を迎えるたびに年をとるという風習があり、現在のように誕生日祝いというものはありませんでした。ただし、**生後一年の誕生日だけは「初誕生」といって、餅をついて祝う**行事がありました。

この餅を「力餅」や「一升餅」とよび、風呂敷に包んで子どもに背負わせたのです。一升は二キロ近くあって、やっと歩けるくらいの子どもは立てないことも。つまり、「背負いきれないほどの食べ物」で、「一生食べきれないほどの食べ物に恵まれるように」という願いを込めていたわけです。背負わせずに餅の上に立たせるなど、地方によってやり方は異なるようです。

また、初誕生前に歩くと、成長してから家を遠く離れて暮らすといわれ、早く歩き出した子には餅を背負わせて、わざと倒れさせたりする風習もありました。

ほかにも、男の子にはソロバン、筆、硯を、女の子には物差し、針、糸などを並べて、その中から一つ取らせ、将来を占ったりもしました。

七五三の祝いの由来

七五三は、もともとは**江戸時代の武家社会において、子どもを社会に迎え入れる意味での祝い事でした。**それが明治時代から一般にも広がりました。

三歳になると、男女ともに真っ白な綿帽子をかぶせ、子どもが白髪になるまで長寿であるようにと願いを込める儀式を行いました。

男の子は五歳になると「袴着《はかまぎ》の祝い」がありました。初めて袴を着用し、幼児から子どもへ成長したことを祝うのです。

七歳の女の子は「帯解《おびとき》の儀」といって、身頃に縫いつけていた付け帯を解いて、本式の大人がつける幅の広い帯を締める儀式を行いました。これらが七五三の起こりです。三代将軍徳川家光の時代から、十一月十五日に定着したとされています。

十一月十五日になった由来にはいろいろな説がありますが、「鬼宿日《きしゅくにち》」という万事最良の日や、霜月祭りで氏神様を送り出す日、また、五代将軍綱吉の子の徳松が病弱で、無事に五歳になったのを祝った日ともいわれています。

「十三参り」をすると福と知恵が授かる

昔から、四月十三日には、十三歳になった子どもたちが虚空蔵菩薩にお参りする「十三参り」という行事があります。

虚空蔵菩薩は、空のように無限の大きさの福や知恵を持ち、希望や夢を叶えてくれる仏様です。虚空蔵菩薩にお参りして、子どもは福と知恵を授けていただくので、京都では「十三参り」を「知恵貰い」と呼んでいます。

参詣方法は、十三種類のお菓子を買って虚空蔵菩薩にお供えし、それを持ち帰り家族で食べるのです。このとき、参詣の後で振り返ると、授けていただいた知恵が消えてしまうという言い伝えがあります。境内を出るまで、前を見て歩かなければいけません。

なぜ「十三参り」なのかというと、虚空蔵菩薩が十三番目に生まれた菩薩だったからで、十三歳になった子を連れて十三日にお参りするようになったそうです。

この虚空蔵菩薩が祀られていて有名なのは、京都嵯峨の嵯峨虚空蔵、茨城東海村の村山虚空蔵堂、福島会津地方の柳津福満虚空蔵尊などです。

振袖は、なぜ未婚者しか着られないのか

一生に一度の成人式の式典が全国各地で行われています。仲間と誘い合って出かける若い人の姿は、見ていてほほえましいものです。とりわけ成人式の会場へ向かう娘さんたちの振袖姿は、一月の風物詩でもあり、街を華やかに彩ってくれます。

振袖は和服の中でも一際華やかで美しいといわれますが、結婚すると着てはいけないとされます。

着物の袂《たもと》や袖は古くから「縁」を意味し、「袖をふる」は「魂を呼び寄せる」という意味に使われていたくらいで、**着物の袂には魂が宿る**と考えられていました。

『万葉集』の中に、額田王《ぬかたのおおきみ》が大海人皇子《おおあまのみこ》に対して詠んだ「あかねさす　紫草《むらさき》野行き標野行き　野守はみずや君が袖ふる」という歌があります。意味は「紫草のある野へ行き、帝の領地である野へ行きましたが、そんなに袖を振ったら野守りが見るではありませんか」となります。好きな人への気持ちを「袖ふる」で表していたものです。

このように、**未婚女性は長い袖を振って、好きな人の魂を呼び寄せていい**のですが、

既婚者には許されなかったわけです。

振袖は未婚女性の礼装ですが、では、既婚女性の礼装は何でしょうか。それが留袖です。振袖の長い袂を切り、脇もつめ、婚家に留まるという意味から「留袖」の名がつきました。

振袖は袖丈によって「大振り袖」「中振り袖」「小振り袖」があり、一番格が高いとされるのは大振り袖です。これは結婚式で新婦がお色直しで着るもので、成人式などで着られる振袖は、中振り袖が一般的とされます。

第3章

慶事の贈り物

祝儀袋はどうやって渡すのか

「何かに使ってほしい」という、相手を思いやる気持を込めて渡す祝儀は、まさに日本らしい文化といえるでしょう。結婚祝い、出産祝い、入学祝い、新築祝いなどのお祝い金を包む祝儀袋ですが、渡すのにもマナーがあります。

袱紗《ふくさ》、または手袱紗と呼ばれる風呂敷に包んで渡します。袋が汚れないようにと、売られていた際のビニール袋に入れて、そのまま渡す人がまれにいますが、これでは相手に対して失礼になります。

慶事だけでなく、弔事（御霊前、御仏前など）でも同じです。シーンに合わせて袱紗の色や柄を選んで使います。この時に気をつけるのが、袱紗のたたみ方。慶事では、たたみ終えた最後のところが右側にくるようにして、弔事では逆の左側にくるようにたたみます。

慶事の場合は、祝いの言葉を述べてから祝儀袋を袱紗から出し、必ず先方に向けて差し出します。弔事では、お悔やみを述べてから袱紗を開き、霊牌の前にご霊前に向けて供えます。受付で渡す場合にも、袱紗から袋を出して先方に向けて渡します。

慶事の贈り物には「のし紙」をかける

お中元やお歳暮のように、あらたまった贈り物には「のし紙」をかけます。「のし」とは、のし紙や祝儀袋などの右肩にある、色紙を細長く六角形に折った飾りで、中央には黄色く細長いものが包まれています。この中央にある黄色いものが「のしアワビ」です。

最近では紙に印刷された「のし」が増えていますが、正式な「のし」はアワビを薄くむいて乾かし、のしたものが包まれています。

アワビは古来、「不老不死の妙薬」と考えられていました。「寿命を延ばす・商売を伸ばす」として、贈り物の中では最上のものでした。また、のしアワビは「打ち鮑《あわび》」と呼ばれ、武士に縁起の良いものとして尊ばれていました。出陣前に武士たちは「三宝の縁起物の肴」として「一に打ち鮑、二にかち栗、三に昆布」を食べたといいます。これは「敵を打ち、勝ち、喜ぶ（昆布）」を意味しています。

振り袖や婚礼衣裳、あるいは大漁旗などにある、赤や黄色のリボンを束ねたような模様は「束《たば》ね熨斗《のし》」というのしアワビの形を図案化した、大変縁起のよいものです。

結婚祝いに使ってはいけない結び方

「水引」は、進物用の包み紙などを結ぶのに使ったり、のし袋にかけられていたりするひも状のものです。細いこよりを糊で固めたものですが、これには、いろいろと結び方があります。

大きく分けて三種類あります。一つは「結びきり」で、婚礼や全快祝い、お悔やみ全般に使うものです。お祝いでは水引の両端を上向きに、お悔やみは下向きに結びます。

二つ目は「あわじ結び」といわれ、婚礼で最もよく使われます。別名「あわび結び」とも呼ばれます。

左右の輪が結び合い、両端を持って引っ張るとさらに強く結ばれることから、「ご縁が末永く続きますように」という思いがこめられています。「あわじ結び」という名は、鳴門海峡の渦潮の形に似ているので付けられたそうです。

三つ目の蝶結び（別名・花結び）は、婚礼に用いると失礼になってしまいます。両端を引っ張ると簡単に結び目がほどけてしまうからです。

簡単にほどけて結び直せるのは「何度も繰り返す」という意味になり、婚礼だけではなく、お悔やみに使ってもいけません。「蝶結び（花結び）」は、出産、進学、受賞など「何度繰り返してもおめでたい」お祝いの場合に使われます。

年始回りは元日は避ける

新年になって最初にご挨拶に回るのが「年始回り」です。一族の者が互いの家を訪ねて回ったのが始まりとされています。現在では、親戚といっても遠方に住んでいる、普段からあまりつき合いがないなど、つき合い方も変わったでしょう。

年始回りをするのは、仕事関係の直属の上司、お世話になっている方、それぞれの家、親しくしている親戚などが一般的です。

挨拶にうかがう場合、**元日は避け、七日の松の内までにするのがマナーとされます。**

また、お正月休みの期間中はせっかくの休暇なので、午前中より午後の一時か二時頃にします。先方にうかがうことを伝え、都合のいい日時を確認しておくといいでしょう。

年始のご挨拶に手みやげは必要か

年の始めの挨拶には、手ぶらで行くのは気が引けます。その場合は、**タオルや手軽なお菓子などを手みやげにします。お歳暮を贈っていない場合、酒や海苔などを持参します。**のし紙の表書きは「お年賀」となります。

訪問する際はあらかじめ連絡するのがマナーですが、場合によっては直接訪ねることもあります。そのときは玄関先で挨拶して、すぐに失礼しましょう。もし上がるようにすすめられても、「まだ回るところがありますので」などと断ります。

それでもすすめられたら、固辞するのはかえって失礼になるので応じますが、長居せずに、適当な時間で切り上げます。

引越し前の挨拶

仕事をしていると、転勤はつきものです。転勤などで引越しするときは、これまでお世話になった方々に日時を知らせ、遅くとも前日までに挨拶をしておきましょう。

とくに近隣の方には、引越してからもゴミ捨てなどで面倒をかけるかもしれません。また、**引越し当日は、トラックの駐車などで迷惑をかけやすいので、そうした家には手みやげを持って挨拶にうかがいます。**といっても、五百円から千円ほどの、相手の負担にならない品を選びます。タオルや洗剤、お菓子、ギフトカードなどがよく使われるようです。マンションなど集合住宅の場合は、近隣だけでなく、管理人さんにも引越しの件を話しておかなければなりません。

引越しの送別会を開いてくれるケースもありますが、せっかくですから、ありがたく受けましょう。お餞別をいただいた場合、お返しは不要で、引越しが無事にすんだら、あらためてお礼状を出すようにします。

引越し先での挨拶回り

引越した先では、新しい近所づきあいが始まります。「挨拶なんて面倒」と言っていると、いつまでも顔を合わせる機会がないかもしれません。はじめに挨拶をして、近隣とのトラブルはないようにしたいものです。

うかがう範囲は、「向こう三軒両隣」が一般。

一戸建ての場合は、庭を接するお宅、顔を合わせる機会が多いお宅にもうかがいましょう。マンションなどの集合住宅は、上下左右、つまり上階、下階、両隣、そして管理人さんに挨拶しておきます。引越し当日か、遅くとも三日後までにはうかがうようにします。

そのとき、名刺代わりになる品を持参します。やはり、タオルやお菓子など、五百円から千円ほどのものがふさわしいでしょう。表書きは「粗品」「御挨拶」「引越御挨拶」などとします。

お留守のお宅には、郵便受けに挨拶の品を入れ、「○○番地（○○号室）にこしてまいりました○○と申します。よろしくお願いいたします」と書き添えておくといいでしょう。

なぜ引越しの挨拶にそばを配るのか

引越し先で片付けが一段落したら、「今度こちらに越してまいりました○○です。よろしくお願いいします」と挨拶回りをするといいでしょう。最近は挨拶の品にタオルや石けんなどの日用品を選ぶ人が増えています。

引越しの挨拶は古くからの慣わしですが、以前は、そばを配るのが定番でした。「引越し蕎麦」の言葉があるように、「引越し」と「そば」は、切っても切れない縁があります。

引越しの挨拶にそばが配られたのは江戸中期からで、江戸の町を中心にして広まりました。それまでは、小豆粥や、小豆を煎ったものが配られていました。しかし、当時、小豆は高価で、引越しのたびに小豆を配ると、配るほうも貰うほうも負担になりました。そこで、安価で手軽なそばが選ばれるようになったそうです。

配り先は、大家と向こう三軒両隣で、大家には五つ、その他の家には二つずつ配ったようです。そばには、**「そばのように細く長いおつきあいを」**や**「そば（近く）に越してきたのでよろしく」**など、江戸っ子らしい洒落が込められていました。

地鎮祭の「鍬入れ」

家を建てるときや建替えのとき、基礎工事の前に「地鎮祭」をします。別名「とこしずめのまつり」と呼ばれ、土地の神に工事の安全、住人たちの繁栄を願うための儀式です。

地鎮祭にはさまざまなしきたりがありますが、代表的なものとして「鍬《くわ》入れ」があります。**「鍬入れ」は、儀礼的にその土地に鍬を入れること**です。祭壇の前に砂を盛り、「エイ！　エイ！　エイ！」と声を出しながら、鍬を振り下ろすのです。

一般的には、建築予定地の四隅に青竹を立て、その間を注連縄《しめなわ》で囲って斎場とします。そして、神主の進行のもと、建築業者と施主が参列して行われます。斎場に八脚台という木の台を並べ、その中央に神を呼ぶ神籬《ひもろぎ》を立てて祭壇とします。

お供え物は、お神酒、洗米、水、塩、野菜、果物、尾頭付の魚など。「四方祓《しほうはら》い」といい、敷地の四隅に米やお神酒をまいてから「鍬入れ」となります。

「エイ！」という掛け声で、盛られた砂に三回鍬を入れますが、この掛け声には「永久」と「繁栄」の意味が込められています。

上棟式《じょうとうしき》で安全祈願

家を建てるとき、屋根の一番高いところに棟木《むなぎ》を上げることを祝うのが上棟式です。工事が進んだことを感謝し、引き続いて工事の安全と建物の完成を祈ります。

「上棟式」は棟上とも呼ばれますが、別に「建前《たてまえ》」とも呼ばれています。工事の最高責任者である棟梁が執り行うのが一般的とされ、中心柱に神様の名が書かれた棟札を貼って、祭壇が設けられます。

上棟式は地鎮祭とは違って、神官を招かず、棟梁が中心で儀式をするのが一般的でしょう。棟には御幣、餅、瓶子などの供物を並べます。**職人さんにご祝儀を出したり酒食をふるまったりするのは、ていねいな仕事をしてもらいたいという施主の願いから**です。

昔は、衣類、銭などの祝儀が職人さんに渡されましたが、現在は参加した棟梁以下全員に祝儀を包みます。地鎮祭では祝儀を出さない場合も、上棟式には出すのがしきたりです。

なお、全国的に、上棟式では、散餅銭《さんぺいせん》といって、餅や小銭をまく慣わしがあります。

新築祝いに贈ってはいけないもの

新築祝いに贈ってはいけないものがあります。

新築祝い、開店・開業祝いともに贈ってはいけないのは、**「火に関係するもの」**や**「火を連想させるもの」**です。ストーブやライター、灰皿などは、本人からの希望がないかぎり贈りません。また、赤一色だけの花束なども避けたほうが無難といえるでしょう。

新築の家への引越し後すぐではなく、住み始めて必要なものが出てきた頃に、先方の希望を聞いてから贈るのもよいとされています。これなら贈り物が重なる心配はありませんし、不必要なものをもらって困ることもありません。ただし、新築披露のときに何も持たずに行くのは失礼なので、菓子などを持参します。その場合は、お祝いを後日贈りたい旨を伝えるのがいいでしょう。

招かれた当日は、勝手に部屋をのぞいたり、断りなしに窓や扉を開けるのは失礼です。

また、鬼門や方角の悪さなどに気づいたとしても、それを話してはいけません。燃える、焼ける、倒れるなどの忌み言葉も口にしないように気をつけます。

手水の正しい使い方

神社の境内には必ず「手水《ちょうず》」があって、柄杓が置かれています。

神道では「禊《みそぎ》」といって、欲望にまみれた身体を、水を被って清めます。手水はそれを簡略にし、手早くすませられるように境内に設けられるようになりました。どうやって使うのが正しいのでしょうか。

参拝の前に手と口を清めます。**柄杓に入れた水を左手、右手、左手の順にかけ、その後で左手にうけた水で口をすすぐというのが手順です。**柄杓には直接、口を触れないように。そして、使った柄杓は必ず伏せて置きます。

参拝には、このほかにもしきたりがあります。まず、鳥居のくぐり方ですが、鳥居の一歩手前で立ち止まり、軽い会釈をしてくぐります（帽子は脱ぐ）。参道の中央は神の通り道とされるので、端の方を歩きます。

本殿に長い紐の垂れた鈴があるときは、紐を振り回すのではなく、手前にぐっと引いてゆっくりと離します。鈴を鳴らすのは「自分の祈願を神々に響かせる」という意味です。

感謝と祈りの「初穂料」

神社でお守りなどを授かるとき、「初穂料は○○円になります」と言われます。なぜ「初穂料」とされるのでしょうか。

本来、神に捧げるものといえば、酒、農作物、魚、塩などです。なかでも米は最上といわれ、ましてや初穂（その年の最初に実った稲の穂）はとても貴重なものとされていました。

後に稲だけでなく、野菜や果物、魚、海藻類まで、初物はすべて神にお供えしたので、これらも初穂と呼ぶようになりました。初穂を供えることで、収穫に感謝し、豊作や大漁を祈願したといわれています。

こうしたことから、**初穂といえば広く「神に供えるもの」という意味に用いられるように**なり、さらに神に供えられる金銭も「初穂料」と呼ぶようになりました。「初穂」には「感謝と祈り」の気持ちが込められています。農作物であっても金銭であっても変わりはありません。

お見舞いにタブーの花

お見舞いの品で代表的なものは、何といっても花。療養中の部屋を明るくし、病気や怪我などでふさぎがちな気持ちを元気づけます。といっても、花によっては、お見舞いにふさわしくないとされるものがあります。

昔から**「死」と「苦」を連想させるシクラメンはタブーとされています。また、菊や白ユリは葬儀や法要などに使われるので、縁起が悪いとされます。**ポピーは花びらが散りやすく、椿は花が根元からポトリと落ちるので、首が落ちる様子を連想させていけません。

鉢植えの花は、根が付くことが転じて「寝付く」となるために、見舞いにふさわしくないとされます。ただし本人が園芸好きといった場合には、育てる楽しみのために贈るという解釈もあるようです。

タブーとされない花でも、**四本や九本という本数は、シクラメン同様に縁起が悪い**ので気をつけなければなりません。また、香りの強い花は人によってはいやがられ、花粉が飛びやすいとアレルギー体質の人には大敵です。病院に入院中の場合は、花を贈る相手だけでなく、同室の患者さんのことも考えて選ばなくてはなりません。

また、花の持ち込みを禁止にしている病院もありますから、ある程度親しい間柄なら、お見舞いとして現金を包んでもかまいません。「お見舞」「お花代」などの表書きにするのが慣わしです。

快気内祝いに贈る品は何がいいのか

病気や怪我が回復したら、お世話になった人たちを自宅に招いて祝い膳を出し、内祝いの品を配るのが正式な快気内祝いだったのですが、最近では、その祝いをすることは少なくなり、品物に挨拶状を添えて送るのが一般的です。

ところで、この「快気内祝い」の品選びには、ある慣わしがあるといいます。それは、**消耗品を贈る**ことです。これは「病気や怪我がきれいに治って、あとに残らない」という意味があるからです。たとえば、**入浴剤や石けん、お菓子、お茶、海苔、調味料**などがあげられます。

快気内祝いの品を贈るタイミングですが、退院後一週間か十日頃がいいでしょう。自宅療養の場合は床上げから数えます。

病気が長引いたなら、お見舞いのお返しの心配は無用です。気になるなら、病状の報告と「松の葉」などの表書きで贈ってもいいでしょう。「松の葉」は、ささやかな金品を贈るときに使い、寸志などの意味があります。

万が一、亡くなってしまったら、忌明けが過ぎてから「香典返し」をします。

快気内祝いは、必ずするものではなく、一般的に一週間から十日前後で治った場合は不要とされます。ただし、礼状を出すのを忘れてはいけません。

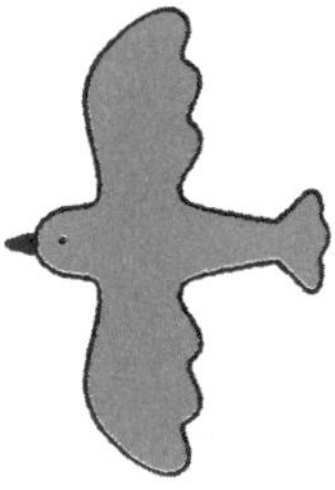

還暦のお祝いの贈り物は

長寿を祝うことを「賀寿の祝い」といいます。「還暦」は賀寿の最初の祝いにあたります。

「還暦」は、六十年で再び生まれた年の干支に還るためで、「本卦還り《ほんけがえり》」ともいわれ、数え年六十一歳を指します。

昔の還暦祝いは「元服」「婚礼」と並び、男性の三大儀式の一つといわれ、「赤いちゃんちゃんこ、赤い頭巾、赤い座布団」を贈って祝いました。**「赤」を選ぶ**のは、赤ちゃんに還るからとも、赤が魔除けの色だからとも考えられています。

この祝いが風習として定着したのは江戸時代でした。現在に比べて平均寿命が短かったため、六十歳の年齢を迎えるのは大変おめでたいことであり、また、還暦は隠居の年齢とも考えられていたので、大いに祝って跡目を譲るというのが一般のやり方でした。

でも、現在の六十歳といえばまだまだ現役。社会の第一線で活躍しています。「赤いちゃんちゃんこ」でお祝いするのは、年寄り扱いのようです。そこで、**赤いバラの花束や赤ワイン、ストールなど、赤い色の品物**を贈って還暦の祝いとすることが多いよ

うです。

現在の社会年齢からすると、古希《こき》（数え年七十歳）の祝いが昔の還暦に近いのかもしれません。

お歳暮を贈る

お世話になっている方へ、一年の感謝の気持ちを形にして贈るのがお歳暮です。先方の好みや家族構成などを考えて、喜んでもらえそうな品物を選びます。最近では流通経路が発達したため、今まで手に入りにくかった遠隔地の名産物など、選ぶ楽しみがぐんと増えています。

お歳暮を贈ろうとしていたら、先方から喪中のはがきが届くケースがあります。こんなとき、「喪中の人にお歳暮を贈っていいのか」と迷ってしまいます。

お歳暮は日ごろお世話になっている方への「お礼」であり、「お祝い」とは異なるため、贈ってもかまわないとされています。ただし、忌中（五十日）は遠慮し、忌明けに贈るのがよいようです。

お歳暮には一般的に紅白の水引をかけますが、白無地の奉書紙か無地の短冊を使って、表書きは「お歳暮」とします。また、忌明けを待つと年末になってしまう場合は、年が明けてから「寒中見舞い」として贈ります。ただし、松の内（元日から一月七日まで、あるいは十五日までの松飾り期間）が過ぎてからにします。

反対に、自分が喪中だった場合ですが、これもまた同じ考え方で贈ってもいいとされます。ただし、不幸があった家から物を贈ったり、人が出向いたりすると、「穢れを移す」として挨拶を遠慮されるケースもあるので、四十九日が過ぎてから水引をかけずに贈るといいでしょう。

厄祝いに人を招くのはなぜか

厄祝いには、厄年にあたる人が親しい友人や近所の方を招いて祝宴を開く習慣があります。「厄を祝う」というのはおかしい気がしますが、招待されたら、できるだけ出席するのがしきたりです。

「厄年」は、災難や病気などが身に降りかかるおそれが多いので、万事に気をつけなければならないとされる年齢。数え年で男性は二十五歳、四十二歳、六十一歳。女性は十九歳、三十三歳、三十七歳とされます（その年齢の前後を前厄、後厄という）。

「厄払い」や「厄落とし」をする場合、地方によって違いはありますが、一般的に神社でお祓いをしたり、寺で護摩《ごま》を焚いたりします。

神社に参拝した際は、日ごろ身につけている小物を気づかれないように落とすのがいい、「うろこ」のついたものを身につけるのがいい、などの言い伝えもあります。お参りするのは本厄の正月、節分の日の夜、または誕生日とされています。

また、厄を祝う祝宴を開くのには理由があります。それは「**集まってもらった人に厄**

郵便はがき

162-0816

恐れ入ります
切手を
お貼りください

東京都新宿区白銀町1番13号

きずな出版 編集部 行

フリガナ

お名前　　　男性／女性
未婚／既婚

(〒　　-　　)
ご住所

ご職業

年齢　10代　20代　30代　40代　50代　60代　70代～

E-mail

※きずな出版からのお知らせをご希望の方は是非ご記入ください。

愛読者カード

ご購読ありがとうございます。今後の出版企画の参考とさせていただきますので、アンケートにご協力をお願いいたします（きずな出版サイトでも受付中です）。

[1] ご購入いただいた本のタイトル

[2] この本をどこでお知りになりましたか？
1. 書店の店頭　2. 紹介記事（媒体名：　）
3. 広告（新聞／雑誌／インターネット：媒体名　）
4. 友人・知人からの勧め　5.その他（　）

[3] どちらの書店でお買い求めいただきましたか？

[4] ご購入いただいた動機をお聞かせください。
1. 著者が好きだから　2. タイトルに惹かれたから
3. 装丁がよかったから　4. 興味のある内容だから
5. 友人・知人に勧められたから
6. 広告を見て気になったから
（新聞／雑誌／インターネット：媒体名　）

[5] 最近、読んでおもしろかった本をお聞かせください。

[6] 今後、読んでみたい本の著者やテーマがあればお聞かせください。

[7] 本書をお読みになったご意見、ご感想をお聞かせください。
（お寄せいただいたご感想は、新聞広告や紹介記事等で使わせていただく場合がございます）

ご協力ありがとうございました。

きずな出版　URL http://www.kizuna-pub.jp　E-mail 39@kizuna-pub.jp

を少しずつ持ち帰ってもらう」という意味なのです。そのため、「厄」と表書きしたまんじゅうをお土産にすることもあります。

厄祝いを持ちまわりで行う風習もあるようです。お互いの厄を拾い合うという助け合いの精神と、交流を深めるという目的があるのです。

連名でお祝い金を包むとき、表書きの名前はどう書くか

祝儀のとき、職場などの仲間が集まり、お金を出し合って連名で包むこともありますが、複数でお祝いを包んだ場合、表書きの名前はどう書くべきでしょう。

名前を小さく書いたり、苗字だけを書くのはいけません。

表書きに名前を書くなら三人までとされています。それ以上になったら、代表者または発起人の名前を中央に書いて、その脇に「外一同」と書き記します。そして、別紙に全員の名前を書いて入れます。またはグループの名（営業一課など）がある場合は、それを書き（営業一課一同など）、個人の氏名は別紙に書いて中に入れる方法もあります。

書き方の序列は、向かって右が目上で、左に向けて目下です。順位がつけにくい場合は、五十音順にならべて書くのが無難のようです。

氏名は必ずフルネームにして楷書で書きます。崩し過ぎると走り書きに見え、乱暴な印象を与えてしまいます。

表書きを書くのは毛筆が正式ですが、その他はサインペンやフェルトペンが限度で、ボ

ールペンは失礼にあたります。筆ペンを利用する人も多いのですが、弔事の場合は薄墨が基本ですから、弔事用のもので書かなくてはなりません。薄墨には「涙で墨が薄まる」という意味が込められているからです。

お客様にいただいたお菓子はどうするか

他家を訪問するとき、「手土産」にお菓子を持参する場合があります。また、来客には、お茶にお菓子を添えて出すのが一般です。もしも茶菓子の準備がなくて、お茶だけを出すなら、「空茶で申し訳ありません」と詫びることもあります。

さて、もてなしに欠かせない菓子ですが、お客様からいただいたお菓子は、どうすればいいのでしょうか。贈り物やお土産をいただいた場合、たとえばアメリカでは、その場で包みを開いて、贈ってくれた人に喜びを表すのが礼儀とされています。一方、**日本では持ってきてくれた人の前で中身を見ないのが作法**とされています。

突然の来客は事情が異なりますが、来客があるとわかっていれば、当然、茶菓子を用意しておきます。お客様からいただいたお菓子を出すのは、「この家では茶菓子の用意もないのか」と相手に思わせることになるわけです。

ただし、「みんなで一緒に食べましょう」と言って渡されたものは、出すのが礼儀です。お菓子を出す際に、「おもたせ（頂戴したものという意味）ですが」と一言添えます。

発表会や展覧会に招待されたとき

さまざまな発表会や展覧会、個展などに招かれることがあります。堅苦しく考えず、**会場へ足を運ぶことがいちばんのお祝いになる**と思います。特別な事情がない限りは、会場へ行くように都合をつけましょう。

行けないときや、あまり気が進まない場合は、電話などで早くそれを伝えます。

都合がついて会場へ行く場合、手ぶらでは気が引けるもの。でも、行くことがいわばお祝いなので、基本的にお金や品物を持って行く必要はありません。チケット購入の発表会や展覧会では、お祝いは不要と考えていいでしょう。

それでも、手土産としてなら、花やお菓子、飲み物などがいいようです。ただし、「お花は辞退します」などと書かれている場合もあるので注意してください。

会場が花でいっぱいになってしまったり、お菓子が食べきれないほどあると、せっかくの好意も喜ばれません。お菓子を持っていく場合は、日持ちのするものを選ぶようにします。

絵画や陶芸など、販売を兼ねた展示会では、気に入った作品があれば、購入するといいでしょう。無理をしなければ、いい記念になるはずです。

子どもの発表会の場合も、招かれたときは、会場に足を運ぶのがいちばんです。手ぶらでもかまいませんが、花束やお菓子などを持っていってあげると喜ばれます。

ところで、逆に、**自分の発表会に招待するときは、ごく近い間柄の人を招くのがマナー**です。自分の作品や練習の成果を見てもらいたいと思っても、招待されて迷惑に感じる人がいるかもしれません。相手の好みや趣向を考えて声をかけ、無理強いは禁物です。

第4章

弔辞の作法

末期の水の作法

人が亡くなると、医師から臨終が告げられます。この後、その場にいた家族がガーゼや脱脂綿などに水を含ませ、唇につけてあげます。また、遺体が自宅に戻ってから、葬儀社が用意した新しい筆に水をふくませて唇をぬらすという慣わしがあります。

これを「末期《まつご》の水《みず》」と呼びます。

「末期の水」は人の死に際の儀式で、「死に水」ともいわれます。

順序は、**故人の配偶者、子ども、故人の両親、兄弟姉妹など、血のつながりの濃い人から**やります。病院で亡くなり、末期の水をとれなかった場合は、自宅に戻ってきてから行います。

末後の水の始まりについては、仏典にある故事に由来するとされています。

「釈迦は八十歳のとき、自らの死期を悟り、弟子の阿難に、口が乾いたので水を持ってきてほしいと頼んだ。しかし河水が濁っていたので、阿難は我慢してくださいと答えた。すると、阿難が持っていた鉢に、天から清らかな水が注ぎ込まれた。阿難が空を見ると、鬼神が雲の中に消えるのが見えた。鬼神は、釈迦の危篤を知り水を持ってきたのだった。この水を飲むと、釈迦は満足して瞑目した」

というものです。

末期の水は、脱脂綿やガーゼ、新しい筆先のほかに、しきみや菊の葉に水をつけてとることもあります。死後の世界で喉が渇かないように、という思いの儀式なのです。

故人をきれいに旅立たせる「湯灌」

末期の水をとったら、身体をガーゼや脱脂綿できれいに拭き清めます。病院では看護師さんがやってくれますが、昔は家族が盥《たらい》を使ってやりました。この儀式を「湯灌《ゆかん》」といい、現世での穢れを洗い清めて沐浴させるのです。

湯灌には細かいしきたりがあり、**用いる湯には日ごろ煮炊きをする竈《かまど》の火を使ってはならず、屋外で沸かします。**通常の沐浴なら、沸かした湯に差し水をして適温にしますが、湯灌はその逆で、先に水を入れてから湯を足します。これを「逆さ水」と呼びます。

遺体を清め終わったら、残った湯は、穴を掘って流し込んだり、床下や藪の中など日の当たらないところに流します。つまり、すべてにおいて逆の行為をすることで、日常との混同を避けたのでした。

死装束と六文銭

湯灌で身体を洗い清めたら、着替えをします。生前に好きだった服があれば着せますが、一般的に、**仏教では「死装束《しにしょうぞく》」という、白い木綿の服を着せます。**死装束がすべて白色なのは、死者の魂を浄化させるため、死の穢れを祓うためという意味を持っています。

そして、頭陀袋《ずだぶくろ》という僧侶が托鉢するときの袋を首にかけます。中には紙に書いた「六文銭」を入れます。有名な三途の川の渡し舟代で、無事に三途の川を渡れるように、との思いが込められています。

六文銭といわれても、見たこともないし、いったいいくらなのかと思ってしまいます。

なぜ死者に六文銭を持たせるのかは、「三途の川の渡し賃が六文」といわれたことが影響しているのでしょうが、「あの世でお金に困らないように」という遺族の思いが込められて副葬品になりました。あの世に持っていくお金なので、「冥銭」とも呼ばれます。

また、仏教で考えられている六つの世界「天道」「人間道」「修羅道」「畜生道」「餓鬼道」「地獄道」を「六道」といい、死者がこれら六道をめぐる旅で使う旅費なので、「六道銭」

と呼ばれることもあります。

貨幣は金属で造られているため、その金属のパワーで悪霊を払うと信じられてもいましたが、現在では火葬の支障になることや、貨幣損傷等取締法で貨幣を傷つけてはいけないことになっているため、葬儀の際に持たせるのは紙製の六文銭に変わりました。

死装束は、経帷子《きょうかたびら》を左前にして着せ、三角頭巾を額にあてます。そのほかに、手の甲を覆う手甲《てっこう》、脛につけて足を保護する脚絆《きゃはん》をつけ、手に持って歩くための杖は棺の脇に入れ、手には数珠《じゅず》を持たせます。足袋の小鉤《こはぜ》（留め金）は外して穿かせ、その後にわらじを履かせます。

死装束は葬儀社が準備してくれますが、かつては血縁の女性の手によって作られました。装束を縫うときには物差しやハサミを使用しないこと、縫い糸は返し針をしないこと、糸の先端を丸めて留めをつくらないこと、着物の丈は通常より短くすることなど、さまざまな決まりごとがあったようです。

なぜ北向きに遺体を寝かせるのか

清められた遺体は納棺までの間、仏間か和室に寝かせます。そのとき、頭を北側に向けて寝かせることを「北枕」といいますが、なぜ北向きにするのでしょうか。

「北枕」の風習は、釈迦が亡くなったときの様子を描いた「涅槃図」に由来します。涅槃図には「その時世尊は右脇を下にして、頭を北方にして枕し、足は南方を指す。面は西方に向かい」とあります。この「頭北面西」の故事から、北枕に寝かせるようになりました。

遺体には薄い布団を掛けますが、このとき、掛け布団の上下は逆さまになるようにし、枕元には「枕かざり」を置きます。白木の台か、小さな机に白い布を掛けた上に水、香炉、線香、鈴、燭台、枕だんご、枕飯（茶碗にごはんを高く盛り、上に箸を立てる。浄土真宗では飾らない）、花立にはしきみの一本花を挿すのです。

枕飯は生前故人が使っていた茶碗で米をすりきりに量って炊き、炊き上がった米は茶碗に盛りきってしまいます。神式の場合の枕飾りは、灯明、榊、水、塩、洗米、お神酒です。

棺が終わるまで、家族は交代で線香やロウソクの火を絶やさずに見守るようにします。

魔除けのための「守り刀」

故人を安置する際、胸の上にナイフなどの刃物を置き（浄土真宗では置かない）、これは「守り刀」と呼ばれます。

この「守り刀」は、武士が亡くなったときに枕元に刀を置いた名残りという説もありますが、一般的には、亡くなった人の死臭をかぎつけてくる悪鬼などを寄せつけない魔除けの意味を持つとされています。

守り刀にするのは、剃刀、小刀、ハサミなど。昔は普段使っている鎌が置かれ、遺体を埋葬した後には、その鎌をお墓の魔除けとする地域もありました。刀を置くときは、刃物の先が故人の顔の方に向かないように気をつけなければなりません。

昔から日本では、刀を神聖なものとしてきました。魔物は光るものを嫌う習性があると考えていたからです。「家運隆盛」を願って、神棚などに祀ったり、子どもが誕生すると、災難を断ち切って身を守るという願いを込めて、守り刀を贈りました。女の子の場合、将来、他家に嫁ぐ際には、この守り刀を嫁入り道具の一つにしたようです。

なぜ枕飯のほかに、枕だんごを置くのか

故人の枕元に置く枕飾りには、枕飯のほかに、「枕だんご」というだんごを供えます。なぜ、だんごも供えるのかというと、釈迦が亡くなったときの故事からです。

釈迦は何も喉を通らない状態でした。弟子たちは、釈迦に何か食べてほしいと思い、食物をすりつぶし、丸めてだんごにしたものを作りました。このだんごを枕元に置きましたが、釈迦は一つも食べずに亡くなり、枕元にはだんごだけが残りました。その故事をまねて、「枕だんご」を供えるようになったのでした。

「枕だんご」は、白い紙を敷いた三方にのせて供えます。団子の数は六個が一般的ですが、地方によっては七個、十三個、四十九個などのところもあります。

また、だんごを作るときに使った上新粉の残りは、たくさん残っていても捨てるのがしきたりとされます。これは「不幸を他人に与えない」という意味で、「枕飯」を使いきる分しか炊かないのも、一粒残らず茶碗に盛りつけるのも、同じ考え方からです。

葬儀のときに掛けられる「くじら幕」の意味

葬儀の際に、黒と白の大きな縦じまの幕を見たことがあるでしょう。最近では目にすることが少なくなりましたが、白と黒の布を一枚おきに縦に縫い合わせ、上下に横に黒布を渡した幕です。自宅や屋外、また専門の施設ではない場所で葬儀を行うときに張る幕で、自宅の葬儀では、移動させられない家具の上に、この幕を掛けて隠します。

これは「くじら幕」と呼ばれます。平安時代からのもので、遮蔽《しゃへい》用に使われていたといいます。昔から黒色は高貴な色とされていて、祭りや神事では黒白のくじら幕が使われていたのです。葬儀に使われる歴史は浅く、大正時代以降といわれています。

「くじら幕」という面白い名前の由来は、鯨の色です。背中の部分が黒で、腹の部分が白いからという説と、鯨の肉は外側（皮）が黒く、その皮に接する脂肪が白いからという説があります。

また、黒と白の意味も諸説あり、黒が「死」で白が「生」を表すという説、黒は「北」で白が「西（浄土）」を表すという説などがあります。

菩提寺を知っていますか

現代、葬儀は葬儀社に手助けをしてもらいながら進めていくようになっています。仏式の葬儀を行うときに、葬儀社の人にまず聞かれるが「菩提寺」がどこか、でしょう。

菩提寺とは、先祖代々の墓や位牌をおき、菩提を弔うお寺のこと。別名「檀那寺《だんなでら》」「菩提所」とも呼ばれます。

「菩提」とは「さとり」や「めざめ」といった意味の言葉で、古代インドの仏語です。仏式で葬儀を行う場合、菩提寺に連絡して、さまざまな打ち合わせ、依頼をします。

本来は葬儀の依頼は喪主と世話役代表の二人で菩提寺にうかがわなくてはなりませんが、どうしても行けない場合は電話でもよいとされます。また、菩提寺が遠方で僧侶に来てもらえないときは、近くにある同じ宗派の寺院を紹介してもらうケースが多いようです。

最近では寺院と家とのつきあいが次第に希薄になっており、菩提寺がわからない人もいるでしょう。もし菩提寺がわからなくても、宗派がわかれば、本山に問い合わせて、近くの寺院を紹介してもらい、新しい菩提寺とすることができます。

不祝儀袋の表書きは薄墨で書く

不祝儀袋にはいろいろな表書きがあります。よく覚えておきましょう。

①御霊前……浄土真宗以外の仏式の葬式や告別式に使うものです。また、神式、キリスト教式など、ほとんどの宗教の葬式・告別式に使うことができます。先方の宗派がわからない場合は、「御霊前」とするのが無難です。ただし、袋に蓮の絵柄がついている場合は仏式にしか使えないので、注意してください。

②御仏前……四十九日が過ぎ、霊が仏になってから使用するのが正式。ただし、浄土真宗には、死後すぐに仏になるという教義があり、葬式や告別式に「ご仏前」の不祝儀袋を使うのは誤りではありません。

③御玉串料……神式のときに使います。「御榊料」「御神前料」でもかまいません。

ところで、表書きには薄墨を使うのがしきたりです。「悲しみのあまり涙が溢れ、文字が滲んでしまいました」ということを表しています。

お香典は通夜にも告別式にも持参するのか

通夜と告別式の両方に参列するときは、香典はいつ渡せばいいでしょうか。

香典は、通夜、葬儀、告別式のどれに持参してもかまいません。

通夜と告別式の両方に参列するなら、最初の弔問のとき、つまり通夜に持参します。

告別式は二度目の弔問なので、香典は不要です。受付で記帳だけして、「お通夜にうかがわせていただきました」と受付係に伝えましょう。

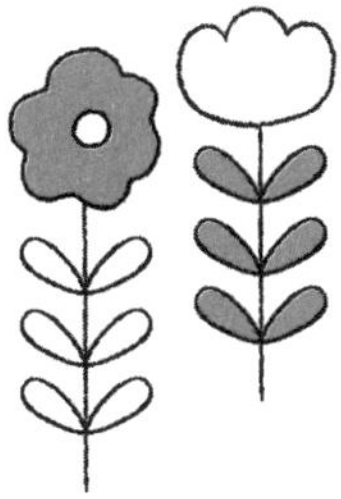

お香典に新札を入れていいのか

よく悩むのが、新札を用意したほうがいいかどうか、という点ではないでしょうか。

結婚祝いには新札を用意するのが礼儀とされています。しかし、不祝儀では、新札を使うと、前もって用意していたような印象を与えるのでふさわしくない、という考え方もあります。といって、使い古したお札を入れるのも気が引けるので、そんなときは**新札に折り目をつけてから入れる**といいとされています。

外袋をたたむときにも注意が必要です。外袋の左側、そして右側とたたんだら、下側を先にたたみ、その上に上側を重ねます。上下の重なりが祝儀の場合とは反対になるので気をつけましょう。

「ご厚志お断りします」とされたとき

葬儀やお別れ会の通知に「ご厚志お断りします」と記されていることがあります。そのように明記されていたら、**香典も供物も必要ないという意味で、何も持参しなくていいのです。**「ご厚志辞退」は個人の遺志の場合も多く、先方の希望を尊重すべきでしょう。

紛らわしいのが、「供花、お供物の儀は辞退させていただきます」という場合です。これは「供花」「供物」以外のものは受け付けると解釈できます。そこで、お香典は持って行くのがマナーです。

最近は、故人の希望で、「お別れ会」など、無宗教の葬儀のケースも増えているようです。この場合は、読経や焼香などはなく、故人が好きだった楽曲が流されるなど、自由な形式で行われます。個人が好きだった場所などで開かれる場合もあります。

これらの儀式では多くの場合、献花をするようです。

どんな服装で行けばいいか、香典はどうしたらいいか、とくに指定がなければ、一般の葬儀・告別式と同じと考えればいいでしょう。喪服を着て、香典を用意します。

お悔やみの言葉はいつ述べればいいのか

結婚式や受賞パーティーなどのおめでたいシーンでは、お祝いの言葉がいろいろと出てきます。しかし、通夜や告別式という悲しみの場では、「いつ誰に何と言えばいいのか」と迷う人も多いでしょう。

「お悔やみの言葉」は、亡くなった方と弔問する側の関係で変わりますが、**もっとも大切なのは遺族の気持ちを思いやり、手短に述べること**です。

一般的には、受付で香典を渡すときがいいとされています。遺族のところへわざわざ近づいていき、お悔やみの言葉をかける必要はありません。通夜や告別式に出ているだけで弔意は伝わるからです。また、焼香の際に目礼をしますが、これだけでも、気持ちはしっかりと遺族に届くでしょう。

遺族に、死の経緯などを聞くのはタブーです。たとえ知っていたとしても、それを口にしてはいけません。流暢な挨拶は、かえって失礼にあたります。「このたびは……」とだけ言って、あとは心を込めて静かに頭を下げるだけでいいのです。

焼香の作法を知る

仏式の通夜や葬儀、法事では焼香をすることになります。仏や霊に対し自らを清めて、故人の冥福を祈るものです。**葬儀場での通夜や告別式が多くなった現在では、立礼の焼香がほとんど**ですが、どんな作法があるのでしょうか。

立礼による焼香は、

①焼香の順番がきたら、次の人に軽く会釈をして霊前に進む。

②手前で遺族に目礼してから、焼香の位置まで進む。

③遺影を見つめてから一礼し、その後に焼香する。

④焼香がすんだら、前向きの姿勢のまま二、三歩下がってから自分の席に戻る。

座礼による焼香は、

①焼香の順番がきたら次の人に軽く会釈をして、腰を低くして霊前へと進む。

②座布団の手前で正座し、遺族に一礼する。
③遺影を見つめ、故人に対する思いをこめて深く頭を下げる。
④頭を上げてから、ひざをついたまま少しずつ祭壇前に進み出て、座布団の上に正座して焼香する。
⑤焼香がすんだら、ひざをついたまま霊前から下がり、遺族に一礼してから立ち上がり、腰を低くして席に戻る。

となります。

焼香の仕方は宗派によって異なり、僧侶があらかじめ説明してくれる場合もあります。

通夜ぶるまいは断っていいのか

通夜で焼香をすませると、「軽い食事を用意しておりますので」と誘われることがあります。これが「通夜ぶるまい」です。

故人の霊を慰めるために、親しい人が集まって飲食を共にし、思い出を語ります。焼香をすませ、**「どうぞ」と誘われた場合は、固辞せずに席に着くようにしましょう。**それが故人の供養になります。そして、席に着いたら、一口でも箸をつけましょう。

また、通夜ぶるまいで長居は禁物。親しい間柄でも長々と居続けず、帰るときは喪主や遺族に挨拶をして、もう一度焼香します。

なお、誘われないのに勝手に通夜ぶるまいの席に着くのはマナー違反です。

戒名は何を基準に決められるのか

仏式の葬儀では、戒名を書いた位牌が安置されます。亡くなってすぐに菩提寺の僧侶に連絡し、「枕づとめ」という読経のときに戒名をいただくのが一般的です。

「戒名」は、一般的に亡くなった人につける名と思われています。でも、本来は、仏弟子になるときに「戒《かい》（過ちをおかさないための禁制）」を授かり、誓いを立てて、俗世を捨てた称号なのです。

戒名には位があり、生前の信仰の深さや、社会貢献の度合いで決まるものです。お金で買うものではありません。金額によって戒名の位が左右されるなど、ありえないのです。もちろん、位の高い戒名だからいいのではなく、大切なのは、故人の人柄がしのばれるような戒名であることです。

戒名の形は宗派によってさまざまですが、一般的には「院号」「道号」「法号」「位号」から成ります。「法号」には故人の俗名や、生前の人柄や業績を表す文字を使うのが一般的とされています。先祖代々の特別な文字がある場合もあります。

棺のふたを閉じるとき、なぜ石で打つのか

告別式が終わると、一般会葬者はいったん式場内から退出します。そして、遺族と親族、故人と関係が深い人が最後の対面をします。祭壇に飾られていた花を故人の周囲に入れ、棺のふたを閉じてから、石を用いてくぎを打ちます。

このように棺のふたを閉じてくぎを打つことを「くぎ打ちの儀」といいます。この石は、三途の川の河原の石を意味しています。「**くぎ打ちの儀」には、「無事に極楽浄土に着くように」という祈りが込められている**のです。石は葬儀社で用意してくれますが、こぶしほどの大きさのものを使うようです。

くぎ打ちは儀式なので、しっかり打つ必要はありません。途中まで打ち込まれているくぎを軽く打ちます。一人が二回ずつ打つのがしきたりとされます。

これがすむと、葬儀社の担当者が完全に打ち、棺のふたを固定します。ただ、神道やキリスト教ではくぎ打ちはありません。仏教でも宗派によってはくぎ打ちをしない場合もあり、地域によっても違うようです。

出棺は男性六人でする

最後のお別れがすみ、くぎ打ちが終われば、出棺になります。このとき、霊柩車まで棺を運ぶのは男性六人がしきたり。人手が足りない場合は、もちろん、葬儀社が手配してくれます。**棺の運び手は遺族ではなく、故人に世話になった近親者や友人など。**できれば若い人がいいようです。棺の長い部分を三人ずつで持って運びます。関東地方では足の方を前に、関西地方では頭の方を前にして運ぶようで、喪主が位牌を、遺族代表が遺影を持って棺に続いて歩きます。

自宅での葬式が一般的だった時代には、出棺は、いつも出入りする玄関口を使わず、縁側からが風習でした。これは死者の霊が立ち戻らないように、という意味があります。野辺の送り（自宅から出棺し、葬列を組んで墓に赴く、または墓まで見送ること）の場合も同じで、埋葬後は違った道を通って帰らなければならないという慣わしがあります。

地域によっては、故人が生前使っていた茶碗を割るなどして、霊魂が戻るのを防ぎます。

骨上げは二人一組でする

火葬が終わると、箸を使って遺骨を骨壺に納めます。これを「骨《こつ》上げ」または「収骨（拾骨）の儀」といいます。

骨上げは二人一組で行います。木と竹を組み合わせた骨上げの長い箸を使い、一片の骨を拾い、骨壺に収めていくのが正式です。竹の箸で行う場合もあります。また、以前は一人が箸で持った遺骨を、次の人から次の人へと順に渡していく形もありましたが、現在では二人一組で行うのが一般的になっています。

正式な「箸渡し」は男女一組で行われ、男性は遺骨の頭に向かって左側、女性は右側に立ちます。骨を一、二片拾ったら次の人に箸を渡します。**この「箸渡し」は、故人をこの世からあの世へ、三途の川の橋渡しをするという思いからきている**そうです。

骨を拾う順序は、喪主から親族、故人と関係の深い人、の順に行います。足から拾い始め、次第に上に向かって拾うのは、骨壺の中で故人が立った姿になるためです。最後に拾うのは「のど仏」で、故人と最もつながりの深い人が拾うとされています。

「清め塩」と「精進おとし」

火葬をすませ、遺族が遺骨とともに帰ってきます。家に残っていた人は、玄関先で水を柄杓で汲み、遺族の手に注ぎます。その後、遺族の胸と背中に清め塩をまきます。形だけなので、ほんの少しです。

お清めは、遺族だけでなく、葬儀に参列した会葬者、手伝った世話役も、それぞれ自分の家に帰ったら玄関先でします。

その後、僧侶、遺骨とともに帰ってきた人、留守役などには、酒と料理を出してもてなします。関東では「精進おとし」といい、関西では「精進上げ」などと呼びます。

「精進おとし」は本来、火葬が終わるまではなまぐさものを断っていて、このときにはじめて肉や魚などを食べるという意味です。

この席では、喪主か親戚代表が挨拶を述べます。

食事の後、残ったものは折り詰めにして持ち帰っていただきます。「志」や「お車代」などの心づけをしたり、金品を贈ることもあるようです。

一定期間の「神棚封じ」

自宅に神棚が祀られている場合、不幸があると、一定の期間、神棚を封じます。死の忌みを嫌うもので「神棚封じ」と呼ばれます。

その方法は、神棚の扉を閉め、正面に縦長に半紙（白紙）を貼り付けます。

古くは、「不幸のあった家の者は穢れている」とされ、身内でない第三者がするものでした。最近はそこまで厳密ではなくなり、葬儀社の人に頼むこともできます。

封じる期間は一般的に四十九日とされていますが、本来の神道のしきたりでは忌明けの翌日が、この半紙をはがす「清祓《きよはら》いの儀」となります。

この式は五十日祭（仏式の四十九日）の翌日に行う儀式です。手水の儀（礼拝の前に身の穢れを清めるために手や顔などを水で洗う）、祓詞《はらえことば》の奏上、各部屋のお祓いなどをして、神棚と祖霊舎の半紙（白紙）を取れば忌明けです。

また、神棚を封じている期間中は、普段のお祀りは中断されるのが一般的です。

友引には葬式を避ける

「友引」というのは、陰陽道《おんみょうどう》（古代中国から発展した学問）の言葉です。「六陽（先勝・友引・先負・仏滅・大安・赤口）」と呼ばれるものの一つで、明治時代の太陽暦採用後に吉凶占いとして取り入れられ、現在でも広く用いられています。

もともとの意味は、「共引きで勝負なし」で、「引き分ける」こと。しかし、**「友を引く」という語呂合わせで、葬儀を行うと「死者が友を引く」とか「友を引き、一緒に冥土に連れて行く」**と誤った解釈をされるようになりました。

発音が似ているだけですから、宗教的には根拠のないものでしょう。

ですが、「友引」が「友を引く」というのは根強い迷信で、火葬場も休みにしているところがほとんどになっています。よほどの事情がない限りは、やはり避けたほうが無難な日でしょう。

喪主は誰が務めるのか

喪主というのは、遺族の代表で葬儀を主催する人のこと。その後の年忌法要なども中心になって行うことになります。葬儀社との打ち合わせがあるので、通夜の前までに喪主を決める必要があります。

故人に代わって葬儀を主催し、弔問を受ける立場ですから、**故人と一番縁の深い人が務める**のがふさわしいでしょう。

以前は法律上の相続人で、ほとんどの場合は男性が務めていましたが、現在は性別を問わず、故人と最も縁の深い、実質的な後継者にあたる人が喪主になるので、女性のケースも多く見られます。

結婚している人が亡くなったら、一般的に配偶者が喪主に選ばれます。高齢だったり、病気がちで困難な場合は、長子や同居している子どもが喪主になりますが、他家に嫁いで姓が変わっていても、何も問題はありません。

さて、喪主の役目は何でしょうか。第一に、故人の代わりに弔問を受けることにつきます。葬儀ではあれこれ用事が多いのですが、雑用などは他の人にまかせておきます。自分は動き回らずに、故人に付き添うことこそが大切な役目です。

たとえ弔問客が目上の人でも、玄関まで見送るのは他の人にまかせるのがしきたりです。この場合は失礼とはされません。

数珠に込められた意味とは

通夜や告別式、また法要のときに手にするのが「数珠《じゅず》」です。念珠《ねんじゅ》とも呼ばれます。

仏前で礼拝するときに手に掛けますが、珠の数は基本的に一〇八個です。一般的に用いられているのは略式のものが多く、珠の数も五四個、三六個、二七個などさまざまあります。宗派によって違いはありますが、一般に使われるのは八宗共通の略式とされています。

数珠は、お経や題目などを読誦するときの数を数える法具として使われてきました。**釈迦が「国の乱れを治め、悪病を退散させるには、モクケシの実（ムクロジの実）を一〇八個つないで仏の名を念ぜよ」と語ったのが起源**とされています。

また、一〇八という数は人間の煩悩（仏語で、心身を悩まし苦しめる精神作用）を表し、数珠をこすり合わせて、その煩悩を滅する力を得るとされています。また、仏道の修行を一〇八段の階段とみて、それを一歩一歩上がっていくことによって悟りを得るという教えを数珠に示したともいわれています。

数珠は持っていなければならないのか

数珠は本来、宗派によって長さや形などが違っています。**持たなければいけないものではありませんが、あるなら持って行ったほうがいいでしょう。**

読経中やお焼香の際は左手の親指と人差し指の間にかけて、房が下に来るように持ちます。

長いものは二重にして持ちます。

合掌するときは、両手の親指と人差し指の間にかけるようにし、長い数珠は両手の中指にかけます。このとき、房が一つのものは中央に、房が二つのものはそれぞれ左右の中指の下に下がるように持ちます。

合掌するとき以外は、数珠は左手で持ちますが、読経中に手でいじったり、ぶらぶらさせないように。また、畳の上やテーブルの上などに置かず、バッグの中にしまいます。

七日ごとの法要には訳がある

人が亡くなった日から数えて四十九日までは、七日ごとに初七日《しょなぬか》、二七日《ふたなぬか》、三七日《みなぬか》と法要をします。

忌明けといわれる四十九日までは七日おきに法要をするのが正式で、忌日法要といいます。

亡くなった人は、死んだその日から七日おきに、七回にわたって閻魔大王をはじめとする審判官の裁判を受けると考えられているためです。

この裁判では、生前の行いや功徳を考慮し、来世で行く場所の判決が下されるといいます。そこで、故人の家族たちは、閻魔帳の罪が消されるように、裁判の日（忌日）に、故人の法要を行うのです。

七日ごとの法要では、仏壇の前で僧侶に読経してもらうのが望ましいのですが、現在では、それをすべて行うのは難しいでしょう。二七日忌（一四日目）から六七日忌（四二日目）の法要については、省略するか、身内ですませる程度とされています。また、地方によって、初七日と七七日（四九日目）だけ法要を行うケースも多いようです。

冥界に入る前に渡る三途の川

仏式の葬儀や法要のとき、「亡くなった人が無事に三途の川を渡れるように」と、読経をしたり、焼香をしたりします。

「三途」とは「地獄」「畜生」「餓鬼」の三悪道のことで、火に焼かれる地獄を「火途」、互いに相食む畜生を「血途」、刀で責められる餓鬼を「刀途」といい、三つ合わせて「火血刀の三途」ともいいます。

三途の川は死者が冥界に入る前に渡る川とされ、生前よい行いをした者は金銀七宝で作られた橋を渡り、罪の軽い者は川の流れがひざ下ほどの浅瀬を渡り、大罪人は流れが速く、川上から岩石が流れ、川底には大蛇が潜む場所を渡らなくてはならないそうです。

また、川辺には奪衣婆《だつえば》と懸衣翁《けんえおう》という鬼がいて、婆は罪人の着物を剝ぎ取り、爺がそれを衣領樹《えりゅうじゅ》という木に掛けます。罪の重さによって枝の垂れ方が違い、善人は着物を返してもらえ、大罪人は裸になってさまようことになる……というものです。

三途の川は、『拾遺和歌集』にも記されており、「地獄絵」なども多く残されています。

形見分けはいつするか

亡くなった人が生前に愛用していた持ち物を、親しかった人に贈るのが「形見分《かたみわ》け」です。昔は死者の霊が宿る衣類だけを贈る慣わしでしたが、最近は、記念になると思われる品であれば、衣類以外も贈るようになっています。

形見分けの時期に明確な決まりはありませんが、**忌明けといわれる四十九日以後になるのが一般的**でしょう。

故人が遺言状などで、誰に何を贈るかを書き遺しているなら、それに従います。とくに遺言状がなく、生前にも形見分けについて話をしていなかったなら、遺族で相談して決めます。ただ、形見分けは断りにくいので、近親者を中心としたごく親しい人に限られます。また、基本的に目上の人に対して形見分けはしませんが、希望があればその限りではありません。

形見分けの品は包装せず、そのまま差し出すのがしきたりです。その際、形見となる品にまつわる故人の思い出話を添えると、より心がこもるでしょう。

形見分けの品をいただいた人は、処分するのが難しいので、傷みがひどい品や古すぎる品は避けるべきです。また、高価すぎる品物はもらった人の負担になり、贈与税の対象となる場合もあるので、除外したほうが賢明です。よく考えましょう。

「寿陵」と開眼供養

墓参りに行くと、戒名や建立した人の名前が朱色で書かれているのを見かけることがあります。墓石の文字は黒や彫りが一般的ですが、**朱色で書かれた戒名は、亡くなっていない人のもの**なのです。

このように、生きているうちにお墓を立てるケースが増えています。こうしたお墓は「寿陵《じゅりょう》」または「生前墓」と呼ばれます（浄土真宗にこの習慣はありません）。仏教では、自分の死後の冥福のために祈るのを「逆修《ぎゃくしゅ》」といい、功徳が高いとされています。

寿陵を建てる場合は、菩提寺から戒名をもらい、墓石に朱色で刻むのがしきたり。亡くなって埋葬されるときに朱墨を洗います。

一般には、新墓が完成すると開眼供養を行います。墓に魂を入れてもらう儀式で、すまないうちは、お墓は単なる石にしか過ぎません。寿陵の場合はお骨が入っていませんが、同じように開眼供養をします。

法要は命日より後にしない

毎年の命日を「年忌」といいます。死後一年目は「一周忌」ですが、二年目は「三回忌」と数えるのがしきたりで、その後、「七回忌」「十三回忌」「十七回忌」「二十三回忌」……と法要を営みます。

これらの法要は、**命日にできれば理想**ですが、とはいっても、参列者やお寺の都合などで、なかなか難しく、**命日に近い日曜日や休日が一般的**になっているようです。

ただし、命日よりも後にしないのが慣わしです。また、一年に二つ以上の年忌があるときは、併習といって、早いほうの命日に合わせ、同時に法要をします。

お寺での法要は、寺側と日時を相談して決めます。招く人は、一周忌までは近親者、友人・知人・勤務先の関係者などですが、三回忌からは、遺族や近親者だけでいいでしょう。

大がかりな法要では案内状を出しますが、葬儀より出席者が少ないため、だいたいは電話やハガキで連絡をして出欠を確認します。案内状を出す場合は先方の都合も考えて、遅くとも法要の一か月前には通知するようにします。日時、場所、さらに「服装は略式でお願いいたします」などと付け加えます。

自宅で法要をする場合、自宅を整え、仏壇の前には二、三段の祭壇を置きます。白布をかけ、上段に遺影と位牌を、下段には供物を飾ります。焼香台は白布をかけた小机としま す。僧侶を招くときは、「お布施」と「お車代」を用意しておきましょう。

第3部

日々の暮らし

第1章

手紙の言葉

「賀詞」のいろいろ

年賀状離れが進んでいるようです。しかし、年末に、自分と縁の深い人を思いながら書く年賀状には、特別な思いが込められているのではないでしょうか。

年賀状には「初春のお慶びを申し上げます」などと「賀詞」が書かれます。「賀詞」は祝意を表し、特に新年を祝う言葉を指します。「謹賀新年」や「恭賀新年」のように**四文字が基本**で、「謹んで」や「恭しく」という、**相手への尊敬の気持ちを表す言葉が入れることが大切**です。

一方「迎春」は、「新年を迎えました」という意味ですから、相手に対する敬意が含まれません。「賀正」や「新春」にも同じことがいえるでしょう。「寿」や「福」などの一文字を大きく入れてデザインする場合もありますが、目下の人や親しい人に出す場合は別ですが、賀詞にふさわしいとはいえません。目上の人には、漢字一文字、二文字の賀詞は使わないほうがいいのです。

年賀欠礼状には それだけ書く

喪中に新年を迎えるときには「年賀欠礼状」を出す習慣があります。「喪中はがき」ともいわれ、相手が年賀状を用意する前に出さなくてはなりません。年賀欠礼では、基本的にその他の話（特に祝い事）を書きません。**近況報告は寒中見舞いでする**といいです。

年賀欠礼のハガキは、いつも年賀状を交換している人全員に出しましょう。また、こちらが出す前に年賀欠礼をいただいた相手、つまり両方が喪中の場合にも出します。常に交流のある親族には出さなくてもかまいません。

出す時期に明確な決まりはありませんが、できれば十二月初旬には届くようにしましょう。また、あまり早く出しすぎると相手に忘れられて、年賀状が来てしまう場合があるので、十一月中旬くらいからがいいでしょう。

印刷を頼まず自分でハガキを準備する場合は、弔事用の官製はがきを使います。価格は通常はがきと同じですが、料金印字部分が地味なデザインになっています。私製はがきの場合は、必ず弔事用の切手お忘れなく。

年賀状の返事はいつまでに？

スマホで「アケオメ」のパターンが多くなり、年賀状を出す人がかなり減っています。でも、日ごろ会えない親戚や旧友と連絡をとる絶好のチャンスでもあります。

一般に、**年賀状を送るのは松の内まで**とされています。年賀状は、新年を迎えたすがすがしい気持ちで書くのが元来なのでしょうが、現在は、元日に相手に届くように、年末のうちに出すのが一般的です。

年賀状は、お世話になった人や友人など、なるべく漏れのないように手配しましょう。もし、こちらが送っていない人から年賀状が届いたら、すぐに返事を書くのがマナーです。このとき「早々とお年賀状をいただき……」などと書くと、かえって失礼になります。新年の挨拶を書いて、遅れたお詫びを一言添えるとスマートです。

松の内を過ぎたら、「お年賀」ではなく「寒中見舞い」として出します。松の内は、もとは一月十五日までとされていましたが、最近では一月七日までとするのが一般的です。

「寒中見舞い」をいただいたことがあると思います。厳寒期に相手の健康を気遣い、近況報告などをする季節の挨拶状です。喪中で年賀状を出せなかったり、年賀状の返事が遅くなりすぎて松の内を過ぎてしまったときに寒中見舞いを利用すると便利です。

寒中見舞いは いつから出すか

「寒中見舞い」は、**寒の入り（一月五日か六日）から、立春の前日にあたる節分（二月三日頃）までの期間に出すのが通例**です。「寒中」は寒の入りから寒明けまで約三十日間で、寒さの厳しい期間です。それを過ぎたら「余寒見舞い」となります。

寒中見舞いの書き方に厳密な決まりはありませんが、いくつか押さえたい点はあります。まず「時候の挨拶」です。これは「寒中お見舞い申し上げます」などとします。次に「先方の安否を尋ねる」「自分の近況を伝える」「先方の無事を祈る」ための言葉を入れ、最後に日付を記します。通常手紙で使われる結語《けつご》の「敬具」「かしこ」「さようなら」などは不要です。

寒中見舞いは年賀状と違って、「お祝い」ではないので、喪中のために年賀状を出せなかった人が親しい人に近況を知らせる場合や、喪中と知らずに年賀状を出してしまった方へ、お悔やみとお詫びを兼ねて出すこともできます。

なお、年賀はがきにはそれ自体に「祝い」の意味がありますので、余った年賀はがきを寒中見舞いに流用してはいけません。

「お悔やみ状」の決まりごと

故人の家族や知人から訃報を受けたら、弔問にうかがったり、通夜に出席することを考えますが、通夜・葬儀のどちらも出席できない場合、「お香典だけでも」と思う人は少なくありません。もし香典を郵送するとしたら、必ず「お悔やみ状」を添えます。

「お悔やみ状」は、いろいろな事情で葬儀に出られないときに送るもので、できれば先に弔電を打ってからお悔やみ状を送るのがよいとされています。

家族が亡くなった直後は、**残された人たちはつらい気持ちでいるので、簡潔に書くこと**です。長々と書くと、かえって遺族の悲しみを深めてしまうかもしれません。故人の死を悼み、手短に遺族を励ますのがよいとされています。

季節の挨拶などの前文は省略し、冒頭から弔事の言葉に入るのがきまりです。「○○先生のご逝去を知り、驚くばかりです」のように、驚きの気持ちをそのまま表現し、すぐに本文へ入ります。

結語は「敬具」などとしますが、「草々」を使ってはいけません。同じ言葉を重ねるのは

「不幸が重なる」に通じ、忌み言葉にあたります。「重ね重ね」などという表現も避けてください。

末文も「略儀ながらお悔やみ申し上げます」などと短くまとめ、白い封筒に入れるのがきまりです。

結婚祝いの手紙に書いてはいけないこと

遠く離れた旧友から結婚報告のハガキが届くと嬉しいものです。こちらまで幸福な気分になります。お祝いの手紙を書くのが礼儀ですが、注意が必要です。**手紙などの本文の後にさらに書き加える「追伸」は、結婚祝いの手紙には書いてはいけない**とされます。

「追伸」は添え文といわれ、別名「なおなお書き」「追って書き」とも呼ばれます。手紙では、目上に対して添え文を書くのは失礼とされています。また、慶事の場合は「返し書き」、弔事の場合は「繰り返し」となるため、添え書きをしてはいけないのです。

お祝いの手紙を書くうえでのポイントは、なんといってもタイミング。結婚の知らせを受けたらすぐに祝福の気持ちを表すことです。「せっかくだから、きちんとしたものを書かなくては」などと考えていると時機を逃してしまうでしょう。それよりも、ハガキだけの短い手紙でも、お祝い事を心から喜んでいる気持ちを相手に伝えるほうが重要です。

結婚祝いの手紙には、忌み言葉があります。「新生活のスタートを切る」とすると、「切る」がそれにあたります。「新生活のスタートラインに立つ」などに変えるのです。

パーティーの出欠の返信はいつまでに

結婚式や披露宴の招待状が届いたら、なるべく早く、遅くとも一週間以内に返信すべきです。必ず「×月××日までに」と返信の締切り日が書かれていますが、ぎりぎりに返事を出すのは失礼にあたります。

最近は、レストランやイベントスペースでウェディングパーティーを開く人が増えています。結婚式や披露宴を自分たちの手でプロデュースできるのが人気だそうです。

結婚パーティーなどの場合は、料理の準備や席次などを決める都合があり、できるだけ早く人数を把握したいもの。**返信日の間際にならないと出席できるかどうかわからないとしたら、あらかじめ、先方にそれを連絡**しておきます。そうすれば、相手に無駄に心配させずにすみます。

しかし、返事が早いほうがいいだろうと、電話で出欠を伝えるのはマナー違反です。口頭で出欠を伝えられた場合、何かと間違いが起きかねません。必ず返信のハガキを使って返事をします。

また、返信用ハガキの書き方で気をつけるポイントがあります。出席の場合は「ご出席」の「ご」と「ご欠席」に二本線を引いて消し、余白に「よろこんで」や「(出席)させていただきます」と書き添え、「ご芳名」は「ご芳」までを二本線で消します。あて先の「△△行」の文字を「様」に書き換えるのも忘れてはいけない点です。

妊娠や出産祝いの手紙に使えない忌み言葉

昔から、さまざまな行事で「忌み言葉」というものが伝えられています。宗教上の理由からや、縁起をかついで使うのを避ける言葉です。婚礼には「去る」「切る」「帰る」などを、受験生には「滑る」「落ちる」を使わないのも忌み言葉の一つです。

年配の方は、会合が終わるときに「終わり」とは言わずに「お開き」という表現をしますが、それも「終わる」という言葉を縁起の悪いものと考えたからでしょう。

日本では古くから、言葉には「言霊《ことだま》」という不思議な力があり、選ぶ言葉によって吉凶が左右されると考えられてきました。その考え方のもとで生まれたのが忌み言葉でした。

妊娠や出産の際に使ってはいけないとされる「消える」「死ぬ」「流れる」は、「命が消える、死産、流産」を連想させます。

「閉じる」「つぶれる」「傾く」は開店祝いの際の忌み言葉で、「店を閉じる、店がつぶれる、店が傾く」となり、「朽ちる」「倒れる」「病気」は長寿祝いの忌み言葉です。また、気づかずに使いがちなのが「たびたび」や「返す返す」などの「重ね言葉」です。繰り返しを意味しますから、婚礼の手紙や、お悔やみの手紙などで使わないように、よく注意しなくてはいけません。

また、見舞いの手紙で相手を安心させるために「仕事の心配はしないで、安らかに休んでください」などと書くのはもってのほか。「安らかに」では「永眠」を意味してしまいます。

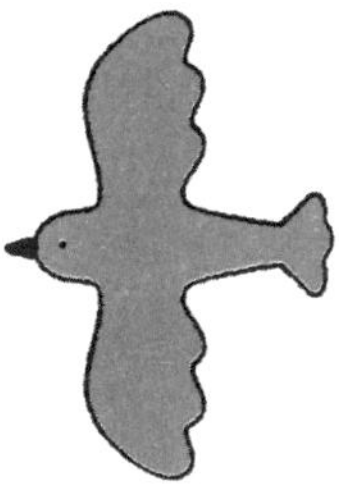

社外文書の正しい宛名

社外文書の宛名書きは難しいものです。個人宛の手紙と違い、住所・氏名のほかに会社名、所属、役職名などを入れますし、敬称の付け方にも決まりがあります。

では、仮に「日本株式会社のマナー部部長、佐藤一郎さん」に手紙を出すとしたら、宛名はどうするのが正式でしょうか。

正しくは、「日本株式会社　マナー部　部長　佐藤一郎様」です。

現在は、都道府県名はもちろんのこと、市町村名を書かなくても、郵便番号で手紙が届くシステムが確立されています。しかし、書かなくても届くから書かないでいいと考えるのは間違いです。**住所を省略すると手抜きをしているような印象を与えてしまうので、必ず都道府県から記載し、番地などの数字は漢数字を用います。**先方の会社名を「㈱××」などと省略すると失礼です。

「御中」は、会社や、会社の部署宛などに送る場合の表現です。ですから「△△株式会社御中　△△○○様」というような使い方はしません。また会社の部署宛に送るなら、「△△

株式会社御中　○○部御中」とせずに、部署名の後だけに「御中」をつけるのです。

よく、「△△部長様」という書き方を見ますが、肩書きには敬称はつけません。また、先方の名前はフルネームで書くのが基本です。

社外文書は会社の顔ともいえるもの。誤った書き方をすれば個人が恥をかくだけでなく、会社のレベルを疑われてしまいます。

「机下」を使う決まり

最近はほとんどお目にかからないのですが、医師の書く紹介状の宛名には「机下」と書かれています。これは「きか」と読み、手紙の構成としては「脇付け」と呼ばれます。**「机下」は、へりくだった気持ちと敬意を表すもので、宛名の左下にやや小さな文字で書き添える**のがきまりです。ただしハガキの場合は使ってはいけません。

脇付けは、用途によって使われるものが異なり、目下から目上の場合は「玉案下」、目上から目下には「足下」、また、女性から男性へは「おそば」、男性から女性へは「御許」、子どもから両親に書き添えるときは「膝下」などがあります。「至急」や「急用」なども脇付けの一つです。

「机下」は「自分の手紙など取るに足らないものですから、どうぞ机の下にでも放っておいてください」という謙譲表現です。そのほか、「侍史《じし》」がありますが、「直接渡すのは遠慮して、書記や秘書を通じて差し上げます」という意味になります。「御中」や「各位」を使う場合、脇付けは書かず、事務用や凶事の場合も必要ありません。

頭語と結語の正しい組み合わせ

手紙を書くときに「拝啓」で始まり「敬具」で終わるのはよく知られています。手紙の中で「拝啓」のように最初に書かれる言葉を「頭語《とうご》」、「敬具」のように文末に書かれるものを「結語《けつご》」といいます。頭語と結語は一般的にペアで使われますが、組み合わせに関してはきまりがあります。

最初に頭語をつけるのは、冒頭で相手に対する敬意を表すもので、しめくくりの「結語」と対になっています。「こんにちは」と丁寧に挨拶をして、別れ際に「あばよ！」では乱暴です。そんな言い方をしないのと同じように、組み合わせにはルールがあります。

一般的な頭語には「拝啓」「拝呈」「啓上」があり、それに対する結語は「敬具」「拝具」「敬白」となります。もっと丁寧な場合は、頭語の「謹啓」「謹呈」に対し、結語は「謹言」「敬白」などです。

たとえば、「謹啓」と「草々」の組み合わせは、謹啓の「謹んで申し上げます」に対して「草々」を使っているので誤りになります。「草々」は「急いで走り書きをして申し訳ありませんという意味ですから、頭語の「謹んで……」という改まった言葉とは逆の意味になってしまいます。

「冠省」と「謹言」の組み合わせにも同じことがいえます。「冠省」は「時候の挨拶を省略します」という意味で、「謹言」は「謹んで申し上げました」となります。「啓上」と「敬白」は「申し上げます」と「敬い謹んで申し上げました」ですから、ふさわしいペアでしょう。また、女性だけが使う結語には「かしこ」があります。

便箋や封筒の正しい使い方

頭語と結語の組み合わせはよし、時候の挨拶も大丈夫だから、これで手紙は完成！　となるところですが、**実は改まった手紙には、用途によって便箋の折り方、封筒への入れ方などの決まりがあります。**せっかく心を込めて書いた手紙なので、最後まで完璧にしたいものです。

たとえば、恩師への手紙は二重封筒で出すのがいいでしょう。透かしても中が見えないので、改まった手紙や親書のときに使います。ただし、不祝儀ではいけません。二重の「重なる」が「不幸が重なる」につながり、縁起が悪いとされるのです。

和封筒にくらべて縦の長さの短い洋封筒は、ふつうは横書きにして使います。あらたまった手紙なら縦書きで書きます。この場合、左側から閉じるのは弔事だけなので注意しましょう。

封をしたところに「封」「緘」「〆」などを記すことを「封じめ」と呼び、婚礼の場合は「寿」や「賀」の文字を記します。縦書き、横書きは必ず表裏で揃えるようにします。

さまざまなカラーや、イラストの入った便箋、封筒が販売されていますが、相手との関係や用件などを考えて選ぶようにします。あらたまった手紙の場合は、白紙に罫線の引いてあるものを使えば間違いないでしょう。

また、社用便箋を私用に使ってはいけません。

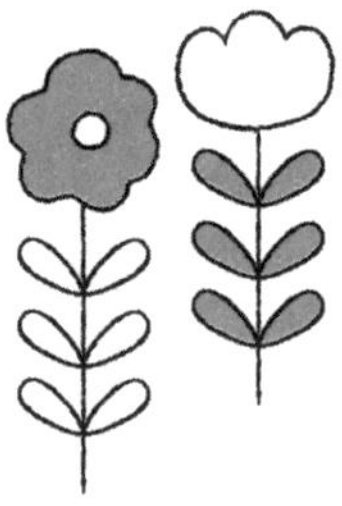

便箋一枚の手紙は送らない

手紙を書いていると、とりあえず一枚の便箋ですべてを書き尽くしたということがあるでしょう。その場合、一枚の便箋だけで送らずに、もう一枚、何も書いていない白紙の便箋を重ねて、二枚にして送るのがマナーです。

理由は、昔、「果たし状」や「離縁状（三《み》行《くだり》半《はん》）」は紙一枚で書かれていたため、一枚だけの手紙は縁切りを連想させるからといわれます。また、一枚だけだと裏から文字が透けやすいので、そうならないための配慮ともいわれます。

とにかく、**一枚で終わらないようにする**ことでしょう。文章を工夫したり、文字を大きく書いたり、行の空間を広めにとるなどして、二枚にわたるようにします。小さめサイズの便箋を使ったり、ラインの入っている便箋なら、線と線の間隔が広いものを使うのもいい方法ではないでしょうか。

しかし、最近は無駄を省くという考え方から、便箋一枚の手紙も一般的になりました。とくにパソコン等で入力した文章のプリントなら、神経質にならなくてもいいようです。

ただ、正式な手紙や、古くからの慣習を重んじる相手に対しては、配慮したほうがいいでしょう。

また、反対に、**一枚に収めるべき手紙もあります。お悔やみ、お見舞いの手紙です。**重なるイメージがタブーとされているので、「不幸が重ならないように」という意味で、一枚の便箋に収めるようにします。

封筒についても同じ考え方で、弔事やお見舞いの手紙では一重の封筒を使用します。

第2章

暮らしを彩る古典

『源氏物語』（桐壺巻）

美しい玉のような、光源氏が生まれます。すでに一の宮の皇子が生まれていたにもかかわらず、あまりにも美しい子どもが桐壺の更衣との間に生まれたのです。帝は、この子どもをとても可愛く思います。赤ちゃんを抱くような気持ちで読んでみてください。

先の世にも御契りや深かりけむ、世になく清らなる玉の男御子《をのこみこ》さへ生まれたまひぬ。いつしかと心もとながらせたまひて、急ぎ参らせて御覧ずるに、めづらかなる稚児の御容貌《かたち》なり。

一の皇子は、右大臣の女御の御腹にて、寄せ重く、疑ひなき儲《もうけ》の君と、世にもてかしづききこゆれど、この御にほひには並びたまふべくもあらざりければ、おほかたのやむごとなき御思ひにて、この君をば、私物《わたくしもの》に思ほしかしづきたまふこと限りなし。

初めよりおしなべての上宮仕《うへみやづか》へしたまふべき際《きは》にはあらざりき。おぼえいとやむごとなく、上衆《じゃうず》めかしけれど、わりなくまつはさせたまふあまりに、さるべき御遊びの折々、何事にもゆゑある事のふしぶしには、まづ参《ま》う上《のぼ》らせたまふ。

いろは歌ふたつ（後者は明治36年、坂本百次郎の歌）

いろは歌は、現在の「五十音図」と同じ頃に作られた48文字で書かれた和歌です。五十音図が母音と子音を並べたのに対して、和歌には意味があります。この48文字、二度と同じ仮名を使わず、どういう内容の歌ができるのか。謎々を解くように読んでみてください。

いろはにほへと　ちりぬるを
わかよたれそ　つねならむ
うゐのおくやま　けふこえて
あさきゆめみし　ゑひもせす

色は匂へど　散りぬるを
我が世誰ぞ　常ならむ

有為の奥山　今日越えて
浅き夢見じ　酔ひもせず

とりなくこゑす　ゆめさませ
みよあけわたる　ひんかしを
そらいろはえて　おきつへに
ほふねむれゐぬ　もやのうち

鳥啼く聲す　夢覚ませ
見よ明け渡る　東を
空色映えて　沖つ辺に
帆船群れゐぬ　靄の中

平家物語

『平家物語』は、長い間、琵琶の哀しい音色とともに謡われてきた文学です。また目が不自由な人が伝えた「音」による文学の伝承です。琵琶の音をバックミュージックとして聞きながら、目を閉じて、暗誦してみてはいかがでしょうか。

その子共は皆諸衛佐に成りて昇殿せしに殿上の交はりを人嫌ふに及ばず。ある時忠盛備前国より都へ上りたりけるに鳥羽院御前へ召して、明石浦はいかに、と仰せければ忠盛

有明の　月もあかしの　浦風に　浪《なみ》ばかりこそ　よるとみえしか

と申されたりければ斜めならずに御感ありてやがてこの歌をば金葉集にぞ入れられける

訳

忠盛の子たちは皆六衛府の次官に就いて昇殿するようになったが、もう人々は殿上での存在をあれこれ言えなくなっていた。あるとき、忠盛が備前国から上洛したので、鳥羽上皇が御前に召して、明石の浦はどうであった、と仰せられると、忠盛は

有明の月もあかしの浦風に、ただ波ばかりよると見えました

と詠んだので、とても感動され、すぐさまこの歌を金葉集に収められた。

奥の細道（松尾芭蕉）

芭蕉が、現在の秋田県にかほ市にある象潟を訪ねたのは、元禄二（一六八九）年六月十六日（新暦八月一日）のことでした。宮城県の松島と秋田県の象潟《さきかた》の風景を比べて詠んでいます。太平洋側と日本海側、できれば風景を思い浮かべながら読んでみてください。

江の縦横一里ばかり、俤《おもかげ》松島にかよひて、又異なり。松島は笑ふが如く、象潟はうらむがごとし。寂しさに悲しみをくはえて、地勢魂をなやますに似たり。

象潟《さきがた》や　雨に西施《せいし》が　ねぶの花

訳

江の内は縦横一里ほどだ。その景色は松島に似ているが、同時にまったく異なる。松島は楽しげに笑っているようだし、象潟は深い憂愁に沈んでいるようなのだ。

寂しさに悲しみまで加わってきて、その土地の有様は美女が深い憂いをたたえてうつむいているように見える。

象潟の海辺に合歓の花が雨にしおたれているさまは、伝承にある中国の美女、西施がしっとりうつむいているさまを想像させる。

俳句（小林一茶）

一茶の魅力は、なんと言ってもその視点の面白さにあります。自分を自然の中にそのまま置いて、虫や風になったつもりで、言葉を紡ぐのです。日本の四季の移り変わりと自分の人生、そんなことを思い浮かべながら読んでみてはいかがでしょうか。

これがまあつひの栖《すみか》か雪五尺

蟻の道雲の峰よりつづきけん

梅が香やどなたが来ても欠茶碗

霞む日や夕山かげの飴の笛

亡き母や海見る度に見る度に

月花や四十九年のむだ歩き

通りゃんせ

江戸時代に作られた歌だといわれています。子どもの遊び歌ですが、ちょっと恐い感じがしないわけではありません。歌のメロディーなしに、文字だけを声に出して読むと、また違ったイメージが浮かんできます。試してみてください。

通りゃんせ　通りゃんせ
ここはどこの　細道じゃ
天神様の　細道じゃ
ちっと通して　下しゃんせ
御用のないもの　通しゃせぬ
この子の七つの　お祝いに
お札を納めに　まいります

行きはよいよい　帰りはこわい
こわいながらも
通りゃんせ　通りゃんせ

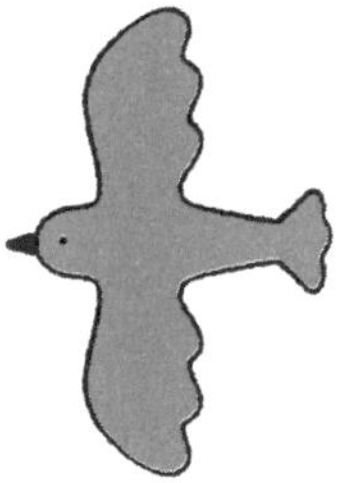

怪談牡丹灯籠（三遊亭圓朝）

読むと、どこで切れるのかと思うほど、長い文章が続きます。「読点」で、息継ぎをしながら読んで下さい。明治時代の名人・三遊亭圓朝の落語の速記です。こういうものが読めるようになると、音読も楽しくなってきます。

さて飯島平太郎様は、お年二十二の時に悪者《わるもの》を斬殺《きりころ》して毫《ちっと》も動ぜぬ剛気の胆力《たんりょく》でございましたれば、お年を取るに随《したが》い、益々《ますます》智慧《ちえ》が進みましたが、その後《のち》御親父《ごしんぷ》様には亡くなられ、平太郎様には御家督《ごかとく》を御相続あそばし、御親父様の御名跡《ごみょうせき》をお嗣《つ》ぎ遊ばし、平左衛門と改名され、水道端《すいどうばた》の三宅《みやけ》様と申上げますするお旗下《はたもと》から奥様をお迎えになりまして、程なく御出生《ごしゅっしょう》のお女子《にょし》をお露《つゆ》様と申し上げ、頗《すこぶ》る御器量好《ごきりょうよし》なれば、御両親は掌中《たなぞこ》の璧《たま》と愛《め》で慈《いつく》しみ、後《あと》にお子供が出来ませず、一粒種の事なれば猶《なお》さらに撫育《ひそう》される中《うち》、隙《ひま》ゆく月日《つきひ》に関守《せきもり》なく、今年は早《は》や嬢様は十六の春を迎えられ、お家《いえ》もいよ〳〵御繁昌《ごはんじょう》でございましたが、盈《み》つれば虧《か》くる世のならい、奥様には不図《ふと》した事が元となり、遂《つい》に帰らぬ旅路に赴《おもむ》かれましたところ、此の奥様のお附《つき》の人に、お國《くに》と申す女中がございまして、器量人並に勝《すぐ》れ、殊《こと》に起居《たちい》周旋《とりまわし》に如才《じょさい》なければ、殿様にも独寝《ひとりね》の閨《ねや》淋しいところから早晩《いつか》此のお國にお手がつき、お國は到頭《とうとう》お妾《めかけ》となり済しましたが、奥様のない家《うち》のお妾なればお羽振《はぶり》もずんと宜《よろ》しい。

学問のすゝめ（福澤諭吉）

人を諭し、鼓舞する文章です。なぜ、人は学問をするのか、学問をすることによって、人はどう変わることができるのか、社会をどう変えることができるのか。自分という存在が世界を変える！　そんな高い意識で、どうぞ音読して下さい！

学問をするには分限《ぶんげん》を知ること肝要なり。人の天然生まれつきは、繋《つな》がれず縛られず、一人前《いちにんまえ》の男は男、一人前の女は女にて、自由自在なる者なれども、ただ自由自在とのみ唱えて分限を知らざればわがまま放蕩に陥ること多し。すなわちその分限とは、天の道理に基づき人の情に従い、他人の妨げをなさずしてわが一身の自由を達することなり。自由とわがままとの界《さかい》は、他人の妨げをなすとなさざるとの間にあり。譬《たと》えば自分の金銀を費やしてなすことなれば、たとい酒色に耽《ふけ》り放蕩を尽くすも自由自在なるべきに似たれども、けっして然《しか》らず、一人の放蕩は諸人の手本となり、ついに世間の風俗を乱りて人の教えに妨げをなすがゆえに、その費やすところの金銀はその人のものたりとも、その罪許すべからず。

吾輩は猫である（夏目漱石）

猫はどんなふうに人間の世界を見ているのか、と思って書かれた漱石の名作です。ここに挙げたのは、その最後の部分で、猫が水甕に落ちて、死んでしまう場面です。諦めの境地で頭が空っぽになる感じで読んでみてください。

甕のふちに爪のかかりようがなければいくらも掻《が》いても、あせっても、百年の間身を粉《こ》にしても出られっこない。出られないと分り切っているものを出ようとするのは無理だ。無理を通そうとするから苦しいのだ。つまらない。自《みずか》ら求めて苦しんで、自ら好んで拷問《ごうもん》に罹《かか》っているのは馬鹿気ている。

「もうよそう。勝手にするがいい。がりがりはこれぎりご免蒙《めんこうむ》るよ」と、前足も、後足も、頭も尾も自然の力に任せて抵抗しない事にした。

次第に楽になってくる。苦しいのだかありがたいのだか見当がつかない。水の中にいるのだか、座敷の上にいるのだか、判然しない。どこにどうしていても差支《さしつか》えはない。ただ楽である。否《いな》楽そのものすらも感じ得ない。日月《じつげつ》を切り落し、天地を粉韲《ふんせい》して不可思議の太平に入る。吾輩は死ぬ。死んでこの太平を得る。太平は死ななければ得られぬ。南無阿《なむあ》弥陀仏《みだぶつ》南無阿弥陀仏。ありがたいありがたい。

一握の砂（石川啄木）

悩み多き青春時代、自分が何者でもない、ちっぽけな存在にしか見えない時代、啄木はそんな時代の自分を哀しみに満ちた言葉で綴ります。社会とは何か、この世の中と自分は、どう対峙していけばいいのか、悩みを発散するように大声で読んでみてください。

鏡屋《かがみや》の前に来て
ふと驚きぬ
見すぼらしげに歩《あゆ》むものかも

何《なに》となく汽車に乗りたく思ひしのみ
汽車を下《お》りしに
ゆくところなし

空家《あきや》に入《い》り
煙草《たばこ》のみたることありき
あはれただ一人居《い》たきばかりに

何がなしに
さびしくなれば出《で》てあるく男となりて
三月《みつき》にもなれり

やはらかに積れる雪に
熱《ほ》てる頰《ほ》を埋《うづ》むるごとき
恋してみたし

かなしきは
飽《あ》くなき利己《りこ》の一念を
持てあましたる男にありけり

手も足も
室《へや》いっぱいに投げ出して
やがて静かに起きかへるかな

百年《ももとせ》の長き眠りの覚《さ》めしごと
呿呻《あくび》してまし
思ふことなしに

腕拱《く》みて
このごろ思ふ
大《おほ》いなる敵《てき》目の前に躍《をど》り出《い》でよと

初恋（島崎藤村）

七五調で書かれた淡い恋。初めて人を好きになった時のこと、覚えていますか？　初めてデートして歩いた時のことはどうですか？　この道が永遠に続けばいいなと思ったことは？　初恋の思い出を胸に、読んでみてください。若返りますよ！

まだあげ初めし前髪の
林檎のもとに見えしとき
前にさしたる花櫛の
花ある君と思ひけり

やさしく白き手をのべて
林檎をわれにあたへしは

薄紅の秋の実に
人こひ初めしはじめなり

わがこゝろなきためいきのその髪の毛にかゝるとき
たのしき恋の盃を
君が情に酌みしかな

林檎畑の樹の下に
おのづからなる細道は
誰が踏みそめしかたみぞと
問ひたまふこそこひしけれ

道程（高村光太郎）

我々はどこから来て、どこへ行くのでしょうか。未来永劫、人の道が続くとするならば、専念し心を込めて歩む力が必要です。その力を、我々は祖先からもらっています。彼らが我々を見守ってくれているのです。気概を込めて読みましょう。

どこかに通じてる大道を僕は歩いてゐる
のぢやない
僕の前に道はない
僕の後ろに道は出來る
道は僕のふみしだいて來た足あとだ
だから
道の最端にいつでも僕は立つてゐる

何といふ曲りくねり
迷ひまよつた道だらう
自墮落に消え滅びかけたあの道
絶望に閉ぢ込められたあの道
幼い苦惱にもみつぶされたあの道
ふり返つてみると
自分の道は戰慄に値ひする

四離滅裂な
又むざんな此の光景を見て
誰がこれを
生命《いのち》の道と信ずるだらう
それだのに
やつぱり此が此命《いのち》に導く道だつた
そして僕は此處まで來てしまつた
此のさんたんたる自分の道を見て
僕は自然の廣大ないつくしみに涙を流す
のだ
（中略）
ああ
人類の道程は遠い
そして其の大道はない

自然の子供等が全身の力で拓いて行かね
ばならないのだ
歩け、歩け
どんなものが出て來ても乘り越して歩け
この光り輝やく風景の中に踏み込んでゆ
け
僕の前に道はない
僕の後ろに道は出來る
ああ、父よ
僕を一人立ちにさせた父よ
僕から目を離さないで守る事をせよ
常に父の氣魄を僕に充たせよ
この遠い道程の爲め

かなりや（西条八十）

「かなりや」には、その詩を書いた西条八十が記した文章が付いています。西条八十は、人のことを大事に思う気持ち、それをカナリヤに託して書いたのです。象牙の船に銀の櫂という言葉はそんな優しさに溢れた言葉なのです。

唄《うた》を忘れた金絲雀《かなりや》は
後《うしろ》の山に棄《す》てましょか。
いえいえそれはなりませぬ。

唄を忘れた金絲雀《かなりや》は
背戸《せと》の小藪《こやぶ》に埋《う》めましょか。
いえいえそれはなりませぬ。

唄を忘れた金絲雀《かなりや》は
柳《やなぎ》の鞭《むち》でぶちましょか。
いえいえそれはかわいそう。

唄を忘れた金絲雀《かなりや》は
象牙《ざうげ》の船に銀の櫂《かい》
月夜《つきよ》の海に浮《うか》べれば

忘れた唄をおもひだす。

「人間でも、鳥でも、獸でも誰にでも仕事のできないときがあります。かういふとき、わたしたちはそれを大目に見てやらなければいけません。ほかの人たちには、なまけてゐるやうに見えてもその當人《たうにん》は、なにかほかの人にわからないことで苦しんでゐるのかも知れません。たとへば、このかなりやも、このあいだまで歌つてゐた歌よりも、もつといい歌を美しい聲でこれからうたひださうとして、いま苦しんでゐるのかも知れません。ね、だから、みんなで、いぢめずに氣を永くして待つてやりませう。」

五十音（北原白秋）

「これは單《たん》に語呂を合せるつもりで試みたのではない、各行の音の本質そのものを子供におのづと歌ひ乍らにおぼえさしたいがためである」と白秋は書いています。音の本質を感じながら読んでみてはいかがでしょうか。

水馬《あめんぼ》赤《あか》いな。ア、イ、ウ、エ、オ。
浮藻《うきも》に小蝦《こえび》もおよいでる。

柿の木、栗の木。カ、キ、ク、ケ、コ。
啄木鳥《きつつき》こつこつ、枯れけやき。

大角豆《ささげ》に醋《す》をかけ、サ、シ、ス、セ、ソ。
その魚《うを》淺瀬《あさせ》で刺しました。

立ちましよ、喇叭《らつぱ》で、タ、チ、ツ、テ、ト。
トテトテタツタと飛び立つた。

蛞蝓《なめくじ》のろのろ、ナ、ニ、ヌ、ネ、ノ。
納戸にぬめつて、なにねばる。

鳩ぽつぽ、ほろほろ、ハ、ヒ、フ、ヘ、ホ。
日向《ひなた》のお部屋にや笛を吹く。

蝸牛《まゐまゐ》、螺旋巻《ねぢまき》、マ、ミ、ム、メ、モ。
梅の實《み》落ちても見もしまい。
焼栗《やきぐり》、ゆで栗《くり》。ヤ、イ、ユ、エ、ヨ。
山田に灯《ひ》のつく宵《よひ》の家。
雷鳥は寒かろ、ラ、リ、ル、レ、ロ。

蓮花《れんげ》が咲いたら、瑠璃《るり》の鳥。
わい、わい、わつしよい。ワ、ヰ、ウ、
ヱ、ヲ。
植木屋、井戸換《が》へ、お祭だ。

雨ニモマケズ（宮沢賢治）

どんな人になりたいか、と考えた時に、こんなふうに書いて、自分を鼓舞することができたらいいなと思います。宮沢賢治のように、自分で自分を鼓舞するような言葉を書いて、毎日音読してみてはいかがでしょうか。

雨ニモマケズ
風ニモマケズ
雪ニモ夏ノ暑サニモマケヌ
丈夫ナカラダヲモチ
慾ハナク
決シテ瞋ラズ
イツモシヅカニワラッテヰル

一日ニ玄米四合ト
味噌ト少シノ野菜ヲタベ
アラユルコトヲ
ジブンヲカンジョウニ入レズニ
ヨクミキキシワカリ
ソシテワスレズ
野原ノ松ノ林ノ蔭ノ

小サナ萱ブキノ小屋ニヰテ
東ニ病気ノコドモアレバ
行ッテ看病シテヤリ
西ニツカレタ母アレバ
行ッテソノ稲ノ束ヲ負ヒ
南ニ死ニサウナ人アレバ
行ッテコハガラナクテモイヽトイヒ
北ニケンクヮヤソショウガアレバ
ツマラナイカラヤメロトイヒ
ヒドリノトキハナミダヲナガシ
サムサノナツハオロオロアルキ
ミンナニデクノボートヨバレ

ホメラレモセズ
クニモサレズ
サウイフモノニ
ワタシハナリタイ

南無無辺行菩薩
南無上行菩薩
南無多宝如来
南無妙法蓮華経
南無釈迦牟尼仏
南無浄行菩薩
南無安立行菩薩

手袋を買いに（新美南吉）

しんしんと雪が降る夜に読みたい文章ですね。人というものは恐ろしくもあり、温かくもあり。その両方を持った自分の心は、いつどのような時に、どんなふうに動くのでしょうか。そんなことを考えるきっかけになる名文です。


「このお手々にちょうどいい手袋下さい」

するとと帽子屋さんは、おやおやと思いました。狐の手です。狐の手が手袋をくれと言うのです。これはきっと木の葉で買いに来たんだなと思いました。そこで、

「先にお金を下さい」と言いました。子狐はすなおに、握って来た白銅貨を二つ帽子屋さんに渡しました。帽子屋さんはそれを人差指のさきにのっけて、カチ合せて見ると、チンチンとよい音がしましたので、これは木の葉じゃない、ほんとのお金だと思いましたので、棚から子供用の毛糸の手袋をとり出して来て子狐の手に持たせてやりました。子狐は、お

礼を言ってまた、もと来た道を帰り始めました。

「お母さんは、人間は恐ろしいものだって仰有《おっしゃ》ったがちっとも恐ろしくないや。だって僕の手を見てもどうもしなかったもの」と思いました。けれど子狐はいったい人間なんてどんなものか見たいと思いました。

ある窓の下を通りかかると、人間の声がしていました。何というやさしい、何という美しい、何と言うおっとりした声なんでしょう。

「ねむれ　ねむれ
母の胸に、
ねむれ　ねむれ
母の手に――」

君死にたまふことなかれ（与謝野晶子）

与謝野晶子は軍国主義が台頭する時代に対して命を張って反対した人でした。「国家」と「人の命」の重さを詩に綴ることができたのは、当時、彼女だけだったのです。

君死にたまふことなかれ
　旅順口包囲軍の中に在る弟を歎きて

あゝをとうとよ、君を泣く、
君死にたまふことなかれ、
末に生れし君なれば
親のなさけはまさりしも、
親は刃をにぎらせて
人を殺せとをしへしや、
人を殺して死ねよとて
二十四までをそだてしや。

堺の街のあきびとの
旧家をほこるあるじにて
親の名を継ぐ君なれば、
君死にたまふことなかれ、

旅順の城はほろぶとも、
ほろびずとても、何事ぞ、
君は知らじな、あきびとの
家のおきてに無かりけり。

君死にたまふことなかれ、
すめらみことは、戦ひに
おほみづからは出でまさね、
かたみに人の血を流し、
獣の道に死ねよとは、
死ぬるを人のほまれとは、
大みこゝろの深ければ
もとよりいかで思《おぼ》されむ。
あゝをとうとよ、戦ひに
君死にたまふことなかれ、

すぎにし秋を父ぎみに
おくれたまへる母ぎみは、
なげきの中に、いたましく
わが子を召され、家を守《も》り、
安《やす》しと聞ける大御代も
母のしら髪はまさりぬる。

暖簾《のれん》のかげに伏して泣く
あえかにわかき新妻を、
君わするるや、思へるや、
十月《とつき》も添はでわかれたる
少女ごころを思ひみよ、
この世ひとりの君ならで
あゝまた誰をたのむべき、
君死にたまふことなかれ。

おわりに

紀元前五百年頃に「仁」という思想を説いた孔子の教えは、二千五百年経った今でも生きていると思います。

「仁」とは、人を大切に思う気持ちです。

人を大切に思うためには、古人の知恵、ずっと伝えられて来た教えを学ぶことが大切です。そしてそれと同時に、変化に対応できる力を養うことも忘れてはなりません。

『論語』には、「子曰く、故きを温《あたた》めて新しきを知る。以って師と為すべし」（為政篇）という言葉があります。

故事成語「温故知新」でも知られていますが、「先人の教え、過去の出来事などを謙虚に学び取って、現実の問題を解決できるようにする。そういうことができる人がいれば、その人を先生として、学ぶようにするといい」という意味です。

さて、皆さん、中学、高校の時、習った古典を覚えていらっしゃるでしょうか。「春はあけぼの」で始まる『枕草子』、「いずれの御時にか、女御・更衣あまた候い給いける中に」で始まる『源氏物語』など。『論語』や『孟子』、杜甫や李白の唐詩などもあったのではないかと思います。

学生の時の古典の勉強は、ほとんどの人にとって試験に受かるためということが目的だったのではなかったかと思います。

それは、日本史や世界史という「科目」でも同じだったかもしれません。平安時代がどのような時代だったのか、唐王朝との間に行われた遣唐使がどのようなものだったのかなど、試験に合格することが目的だった学生の頃の勉強は、生きることとはまったく懸け離れたものになってしまいがちです。

でも、四十代、五十代、六十代と、年を重ね、いろんな経験をする中で、古人が伝えた言葉が身に染みて感じてくるようになって来るという人は少なくありません。

孔子は、こんなことを『論語』で言っています。

「其《そ》の以《も》ってする所を視《み》、其の由《よ》る所を観《み》、其の安《やす》んずる所を察《さっ》すれば、人、いずくんぞ廋《かく》さんや」

（訳：その人の仕種をよく注意して視る、その人がなぜそんなことをしたのかということ、そしてその人がどんなことをしている時に落ち着いていられるのかを観察してみると、その人の性格や生き方というものもよくわかる。隠しても隠しきれないものなのだ）

古典を学ぶのは、試験にパスするためだけのものではありません。

古典の素養は、ものの考え方、行動の仕方にも大きな影響を与えるものなのです。

さて、「温故知新」という四字熟語は、今も中学生の国語で教わります。

「温故」は、「故きをたずねて」という読み方と「故きをあたためて」という2つの読み方があります。「たずねて」と読むと、「古代に遡って研究して」という意味になります。「あたためて」と読むと、「古代から伝えられていることを大事にして」ということになります。孔子は、後者の意味で使っていたと考えられます。

「温」という漢字は、もともと「温泉」「温暖」「保温」など、「ほかほかの状態で、お湯や気温、食べ物を保つこと」を意味するからです。

そうであれば、「温故知新」という言葉は、「昔から伝えられているものを、自分の胸の中、頭の中で反芻して、現実の問題に向き合った時、先人の言葉や歴史をもとに、問題を解決する」ということになるでしょう。

そんな人が、自分の先生だったらいいですね！「むかしね、こんなことがあったのよ」とか「こんな言葉を、むかしの人は私たちに遺してくれたのよ」ということを、教えてくれる先生です。そして、「だから、こんなふうに考えると、うまく解決するに違いないよ」と。

ところで、もし周りに古典の素養があって、いろんな問題を、故事を事例にして解決してくれる人があればそれに越したことはありませんが、御自分がそんな人になってみてはいかがでしょうか。

年を重ね、経験を積み、古典の言葉に味わいを感じられるようになると、人は、内面から美しさが滲み出てくるようになります。

齢なりの美しさと知性を兼ね備えた人は、外見上の美しさとは異なる優しさと心の余裕をもって物事に対処することができる麗しさが溢れてくるのです。

日々の慌ただしいニュースに心を奪われるより、内面を充実させる「古典」を大事にしなさいと孔子は教えているのです。

「しきたり」や行事を行うごとに、「温故知新」という言葉を思い出していただければと思います。

新しい技術、新しい考え方を学ぶことも大切ですが、古代から脈々と続く教えを守って生きていくことは、人の人生を豊かにしてくれるものだと思います。

山口謠司　拝

監修者略歴

山口謠司

（やまぐち・ようじ）

1963（昭和38）年、長崎県佐世保市に生まれる。

現在、平成国際大学新学部設置準備室学術顧問、中国山東大学客員教授。元大東文化大学文学部中国文学科教授。博士（中国学）。大東文化大学文学部卒業後、同大学院、フランス国立高等研究院人文科学研究所大学院に学ぶ。ケンブリッジ大学東洋学部共同研究員などを経て、現職。専門は、文献学、書誌学、日本語史など。

暮らしを整える
日本のしきたり

2024年5月10日　第1刷発行

監修　山口謠司

発行者　櫻井秀勲

発行所　きずな出版
東京都新宿区白銀町1-13　〒162-0816
電話03-3260-0391
振替00160-2-633551
https://www.kizuna-pub.jp

印刷・製本　モリモト印刷

編集協力　幸運社

ブックデザイン　鳴田小夜子（KOGUMA OFFICE）

装画・本文イラスト　川添むつみ

DTP　キャップス

ISBN978-4-86663-235-3